W0301577

»Viele glauben, dass sie erst alles wegräumen müssen, was die Natur wachsen ließ, ehe sie ihre Anpflanzungen anfangen können und die Erfahrung zeigt, dass sie weit früher und glücklicher ihre Absicht erreicht hätten, wenn sie der Natur mit mäßigen Abänderungen und Zusätzen zu Hilfe gekommen wären.«

Christian Cay Laurenz Hirschfeld

Das Gartenbuch für alle Fälle

Kreative Lösungen für Problemzonen

Renate Wohlgemuth

avBUCH

Inhalt

»Die Natur hat lieber jemanden, der sich mit einem fruchtbaren Garteneinfall aus der Hängematte erhebt, als jemanden, der den ganzen Tag ohne Einfall im Garten umherrast.« KARL FÖRSTER

Kreativ auf allen Ebenen

Es gibt zweierlei Sichtweisen für ungünstige Gartensituationen: Man kann sie als Problem oder als Herausforderung ansehen. Die meisten Gärtner begegnen ihnen als Herausforderung, die sie gerne und mit Leidenschaft annehmen. Ihnen und allen anderen Gartenbesitzern soll dieses Buch zeigen, wie durch die Berücksichtigung einfacher Grundregeln gute Ideen für verschiedene Gartenprobleme entwickelt und in praktikablen Lösungen umgesetzt werden können. Zum Einsatz kommen sowohl traditionelle als auch ungewöhnliche Vorschläge, die für Anfänger ebenso anwendbar sind wie für erfahrene Gärtner oder kreative Gestalter. Jeder Garten ist einzigartig, er bedarf der Vorstellungskraft und der Liebe seines Gärtners. Die Anregungen dieses Buches sollen lediglich als inspirative Quelle dienen, erst Ihre Umsetzung macht etwas Besonderes daraus.

Mehr als nur grüne Dekoration

Ein Garten ist nicht nur grüne Dekoration, sondern erfüllt zahlreiche Funktionen. Je nach persönlicher Vorliebe oder Lebensumständen dient er als Erholungsraum, Rückzugsmöglichkeit, Kinderspielplatz und Freizeitzone oder zum Gemüseanbau. Idealerweise sollte er mit dem Stil des Hauses harmonieren und zu einem einheitlichen Bild beitragen sowie die Lebensweise und Persönlichkeit des Besitzers widerspiegeln. Wobei Originalität und Stil eines Gartens keine Frage der finanziellen Mittel, sondern des Einfallsreichtums und manchmal auch Mutes zu Unkonventionellem sind. Wer mit Bedacht plant, bevor er ans Werk geht, wird mit einem Garten belohnt, der mehr ist als nur eine Ansammlung von Pflanzen.

Augen auf

Ein Garten sieht nicht immer gleich aus, er verändert und entwickelt sich stetig. In Zeiten starken Wachstums im Frühling und Sommer kann der Blick von nötigen Gestaltungsmaßnahmen abgelenkt werden, aber in der kühlen Jahreszeit, wenn die Vegetation spärlicher wird, treten Gestaltungsmängel wieder offen zu Tage. Gehen Sie zu verschiedenen Tages- und Jahreszeiten mit aufmerksamen Augen durch den Garten und analysieren Sie die Problemstellen. Das Ausmaß eines Problems (z. B. Schatten, Trockenheit, Wind etc.) kann nämlich während verschiedener Tages- oder Jahreszeiten erheblich variieren.

Ein buntes Beet, hübsch gefasst – so wenig und doch effektvoll.

Stellen Sie fest, was an Ihrem Garten schön und besonders ist. Blicken Sie über den Tellerrand hinaus und lassen Sie sich von Vorhandenem inspirieren! Ein schön gewachsener Baum (auch wenn er in Nachbars Garten steht), eine bemooste Mauer, ein Stück altes Pflaster, ein hübscher Ausblick, eine attraktive Gebäudefassade – vieles lässt sich nützen und in ein neues Gartenbild einbauen.

Optimieren und Akzeptieren

Manche Grundstücksgegebenheiten wie z. B. Größe, Ausrichtung oder Makroklima sind unabänderlich. Andere dagegen können Sie bis zu einem gewissen Grad beeinflussen, z. B. Bodenverhältnisse, Mikroklima, Exposition zu Wind und Wetter, Hanglage etc. Große Veränderungen sind nicht zwangsläufig erforderlich, auch kleine Anpassungen zeigen große Wirkung.
Klima, Bodenverhältnisse und die Umgebung diktieren maßgeblich, welche Art von Garten möglich ist, denn diese Faktoren haben einen wesentlichen Einfluss auf die Pflanzenauswahl und können diese drastisch einschränken. Beispielsweise gedeihen im feuchten, kühlen Dauerschatten nur wenige ausgesuchte Pflanzen, die dafür aber um so besser. Trockene, heiße Standorte müssen nicht öde und verdorrt aussehen. Durch die Auswahl der für diesen Lebensraum richtigen Pflanzen oder die Implementierung von Wasser können Sie eine verblüffende Wirkung erzielen. Generell werden Sie feststellen, dass Sie mehr Erfolg haben, wenn Sie mit den vorherrschenden Gegebenheiten arbeiten und nicht versuchen, die schwierigen Stellen zu bekämpfen.
Akzeptieren Sie die für den jeweiligen Standort passenden Lösungen. Ein mediterraner Garten lässt sich in nassen, kühlen Regionen nun mal nicht zur Zufriedenheit umsetzen.

Alles Ansichtssache

Beherzigen Sie das Motto: »Ärgere dich nicht, dass der Rosenstrauch Dornen trägt, sondern freue dich, dass der Dornenstrauch Rosen trägt.« Manches ist nicht zu ändern, aber vieles können Sie optimieren.

Träumen Sie ruhig

Machen Sie sich nicht zu nüchtern ans Werk, sondern lassen Sie sich von Ihren Wünschen und Traumvorstellungen inspirieren. Auch wenn sich manches bald als unrealistisch herausstellt, kennen Sie Ihren Wunschgarten und wissen genau, was Sie nicht wollen. Lassen Sie sich nicht dazu verleiten, in Gartencentern oder Baumärkten zu kaufen, was gerade im Angebot ist. Das kann manchmal ein Glücksgriff sein – oder auch nicht, und dann stehen Ihnen mehr Arbeit und weitere Kosten bevor.
Die für einen Standort praktikablen Lösungen können sehr variieren, denn es gibt eine Vielzahl an Möglichkeiten und Antworten auf Gartenfragen. Finden Sie Ihren persönlichen Stil und lassen Sie Ihre Vorlieben bei der Gestaltung Ihres Gartens einfließen. Behalten Sie den Gesamteindruck im Auge und bewahren Sie den Blick für das Wesentliche! Die konsequente Umsetzung der Pläne ist der letzte und vielleicht schwierigste Teil des Ganzen.

Vom Garten-Ideal zum Ideal-Garten

Seien Sie gerüstet für eine Menge guter Ideen! Durch die Anwendung einfacher Gestaltungstricks und -tipps können Sie die verschiedensten Situationen meistern und kompromisslos das Beste aus Ihrem Garten holen. Der ideale Garten ist derjenige, der Ihren Bedürfnissen am nächsten kommt. In diesem Sinne: Freuen Sie sich, das Potenzial Ihres Gartens oder einzelner Gartenteile zu erkennen, versuchen Sie Bestehendes in einem neuen Licht zu sehen und in etwas Besonderes, etwas Neues zu verwandeln. Lassen Sie sich von den vielen Vorschlägen inspirieren und schaffen Sie Ihr eigenes persönliches Paradies.

Mehr Antworten als Fragen

❊ Ihr Garten ist kurz und überschaubar? Die Optimierungsvorschläge dazu lauten: *Schauen Sie ins Blaue* (S. 14) oder lösen Sie die Sache *Genial diagonal!* (S. 15)

❊ Sie haben einen Garten in Handtuchform – schmal und lang? Schauen Sie sich das nicht länger an! *Gut geteilt ist halb gewonnen!* (S. 18)

❊ Nicht jeder Garten hat vier Ecken. Gehören Sie zu jenen, denen ein Eck fehlt? Wenn Sie ihm *Grenzen setzen* (S. 20), wird daraus *Eine runde Sache* (S. 21).

❊ Ihr ebener, monotoner Garten regt Sie mehr auf als an? Das können Sie *Mit Niveau* (S. 58) oder *Auf verschiedenen Ebenen* (S. 58) ändern.

❊ Bei Ihrer Gartengröße ist höchstens an Miniaturwasserspiele zu denken? *Miniteiche voller Leben* (S. 22) lassen sich überall unterbringen.

❊ Sie plagen sich mit einer schattigen, feuchten Ecke? Engagieren Sie *Schattenspieler* (S. 33) und denken Sie an *(Über-)Lebenskünstler* (S. 32).

❊ Hitze und Trockenheit lassen Sie und Ihren Rasen verzweifeln? Denken Sie daran: *Die Wüste lebt* (S. 37) und *Manche mögen's heiß* (S. 36).

❊ Ihr Fleckchen Grün ist zu windig, um wahre Gartenlust aufkommen zu lassen? Zähmen Sie die steife Brise mit einem *Windkamm* (S. 38).

❊ Der Zugang zu Ihrem Haus oder Garten gleicht einem Windkanal? Das können Sie ändern, indem Sie *Keine windigen Lösungen* (S. 42) akzeptieren!

❊ Zieht es auf Ihrer Terrasse an allen Ecken und Enden? Lassen Sie den Wind mit einem *Ablenkungsmanöver* (S. 40) ziehen und er wird *Auf die Schnelle ausgebremst!* (S. 40).

❊ Sie schätzen Ihre Nachbarn, wollen aber trotzdem ungestört essen und plauschen oder sich unbeobachtet sonnen? *Sichtschutz mit Durchblick* (S. 66) oder *Ausblick ja – Einblick nein* (S. 67) garantieren Ihnen, dass Sie nicht gesehen werden.

❊ Ihr kleiner Vorgarten eignet sich nur als Abstellplatz für Fahrräder und Mülltonnen? Na Bravo! Wie wär's, wenn Sie ihm eine *Klare Linie* (S. 75) oder *Klasse statt Masse* (S. 75) geben? Und was den Müll angeht: Ab mit der Tonne in einen *Grünen Mantel* (S. 85).

❊ Die Hauseinfahrt liegt als kahle Pflasterfläche vor Ihnen sobald das Auto weg ist? Mit diesen Vorschlägen finden Sie *Die richtige Spur* (S. 76) und *Alltagstaugliche Inseln* (S. 76).

❊ Ihre Aussicht lässt zu wünschen übrig? Wünschen Sie nicht, sondern setzen Sie die Vorschläge *Grün, so weit das Auge reicht* (S. 89) oder *(Be-)Pflanz mich doch!* um (S. 90).

Dies sind nur einige der Themen, die dieses Buch aufgreift. Neben einer Menge Information zu den häufigsten Gartenthemen gibt es zu jeder der gestellten Fragen mindestens zwei praktikable Antworten. Am Ende jedes Kapitels finden Sie eine kurze Zusammenstellung relevanter Aspekte zum Thema sowie eine Auswahl der schönsten dazu passenden Pflanzen. In den Pflanzenporträts werden jeweils die für die Lösung relevanten Eigenschaften hervorgehoben. Mit Hilfe der Skizzen und Pflanzenlisten können Sie die Lösungen in Ihrem Garten leicht umsetzen.

Zu kurz, zu lang, unregelmäßig oder kein Platz für Wasser? Das ist kein Grund, sich die Freude oder den Enthusiasmus verderben zu lassen. Hier kommen Ideen, wie Sie aus einem nicht ganz perfekten Stück Land Ihren Traumgarten machen können.

Vielfältige Gartenformen

Nicht immer ist die Gartenform oder Gartengröße so perfekt, wie man das vielleicht gerne hätte. Manche sind zu kurz, zu lang, unregelmäßig oder öde und einfallslos. Lassen Sie sich nicht beirren. Ein kurzer Garten lässt sich optisch verlängern, ein lang gezogenes Grundstück wirkt durch eine bessere Aufteilung interessanter. Fest installierte Gartenelemente oder Pflanzen lenken von ungünstigen Gartenformen ab.

Weniger ist mehr

Lassen Sie sich nicht dazu verleiten, alles unterbringen zu wollen. Gerade in kleinen Gärten ist es wichtig festzulegen, was man will und worauf man verzichten kann.

Der kurze Garten

Die Herausforderung eines kurzen Gartens liegt in seiner Überschaubarkeit. Da der gesamte Garten auf einen Blick erfasst werden kann, bietet er dem Betrachter wenig Spannung und Abwechslung. An der Größe des Grundstücks können Sie meist nichts ändern, aber es gibt gestalterische Mittel, die Ihnen zu einer zufriedenstellenden Lösung helfen. Bewährte Tricks sind die Verwendung von Farben mit Tiefenwirkung, die diagonale Ausrichtung des Gartens oder das Verwischen der Grundstücksgrenzen durch geschwungene oder gebrochene Linien, etwa durch vorspringende beziehungsweise zurückweichende Bepflanzung.

Schauen Sie ins Blaue

Das menschliche Auge nimmt Rot, Gelb und Orange rascher wahr als blaue, violette oder braune Töne. Erstere sind richtige Hingucker und erregen schon von

Mit Blau lässt sich der Blick gut in die Ferne lenken.

weitem Aufmerksamkeit, während Letztere eine Tiefenwirkung erzeugen. Wobei gilt, je kühler das Blau, desto stärker die Tiefenwirkung, je mehr Rotpigmente, desto mehr verflacht sich der Tiefeneffekt.
Wenn Sie im hinteren Teil des Gartens mit Blautönen arbeiten, wirkt der Garten durch deren Fernwirkung optisch größer. Unterstützt wird der Effekt, wenn Sie im Vordergrund warme Töne verwenden. Wie überall bei der Arbeit mit Farben gilt auch hier: Farben sollten Sie gezielt einsetzen. Ein zu blaues Beet am Grundstücksende etwa zieht die ganze Aufmerksamkeit auf sich – damit würden Sie genau den gegenteiligen Effekt erzielen.
Blau ist eine Farbe, die besonders in der Dämmerung zur Geltung kommt und manchmal regelrecht strahlen kann. Da sich aber zu dieser Tageszeit die Grenzen von Formen optisch aufzulösen beginnen, stellt auch ein strahlendes Blau kein Problem dar. Pastelltöne und ausgewaschene Farben tragen den Blick ebenfalls weiter in die Ferne.

Einfach und kostengünstig

Es gibt eine Vielzahl von attraktiven Pflanzen, die in Blautönen blühen oder deren Laub eine bläuliche Farbe aufweist – in allen Größen und für alle Standorte. Eine Auswahl von empfehlenswerten Arten finden Sie in den Tabellen auf Seite 16.

Genial diagonal

Durch eine diagonale Gestaltungsweise kann man ein Grundstück optisch verlängern. Dafür wählt man eine diagonale Linie als visuellen (in Form einer Sichtachse) oder tatsächlichen Weg durch den Garten. Da in diesem Fall eine schräge Linie länger ist als eine Gerade, erscheint auch der Garten länger. Finden Sie heraus, wo es in Ihrem Garten die interessantesten Ein- und Ausblicke gibt. Wenn Sie diesen Platz gefunden haben, können Sie die Diagonale nach diesem Ziel ausrichten. Der gewählte Anziehungspunkt kann innerhalb wie außerhalb der Gartengrenze liegen. Auch ein toller Ausblick ist ein Blickfang! Wenn Ihr Garten oder die Umgebung keine Attraktion bieten, sollten Sie eine schaffen. Dafür eignen sich Gartenaccessoires, Skulpturen, Wasser in verschiedenen Formen z. B. als Quellstein, Brunnen oder als Vogeltränke, außergewöhnliche, formschöne Pflanzen oder auch ein einladender Sitzplatz.

Diagonalen kann man ohne große Umbau- bzw. Umplanarbeiten schaffen. Wie groß der Aufwand wird, können Sie herausfinden, wenn Sie eine Skizze des Gartens so drehen, dass aus der bestehenden Geraden eine Diagonale wird. Der Raumgewinn wird Sie sicher verblüffen.

Genial diagonal

Pflanzen mit bläulichem, violettem oder bräunlichem Laub

Deutscher Name	Lateinischer Name	Farbe	Höhe in cm
Berberitze	*Berberis thunbergia* 'Atropurpurea'	violett	150
Funkie	*Hosta sieboldiana* 'Blue Cadet'	blaugrün	35–55
Hängeblutbuche	*Fagus sylvatica* 'Purpurea Pendula'	schwarz-rot	500
Japanischer Fächerahorn	*Acer palmatum* 'Dissectum Atropurpureum'	violett-bräunlich	150
Perückenstrauch	*Cotinus Coggygria* 'Royal Purple'	violett	150
Purpurglöckchen	*Heuchera* 'Palace Purple'	violett-bräunlich	40

Pflanzen mit blauen Blüten

Deutscher Name	Lateinischer Name	Blütezeit	Farbe	Höhe in cm
Kleinsträucher				
Bartblume	*Caryopteris x clandonensis* 'Blauer Spatz'	Aug.–Sept.	tiefblau	75
Blauraute	*Perovskia atriplicifolia* 'Blue Spire'	Juli–Sept.	blau	bis 150
Eibisch	*Hibiscus* 'Blue Bird'	Juli–Sept.	blau	bis 150
Kletterpflanzen				
Alpenwaldrebe	*Clematis alpina*	Mai–Juni	blau	bis 400
Blauregen	*Wisteria sinensis*	Apr.– Juni	violett-blau	bis 600
Höhere Stauden				
Glockenblume	*Campanula persicifolia* 'Grandiflora Coerulaea'	Juni–Juli	blau	80
Jakobsleiter	*Polemonium caeruleum*	Apr.–Juni	himmelblau	60
Lupinie	*Lupinus* 'Russel blau'	Mai–Juni	blau mit weiß	80–100
Rittersporn	*Delphinium* 'Finsteraarhorn'	Juni–Juli	dunkelblau	170
Rittersporn	*Delphinium x Belladonna* 'Piccolo'	Juni–Juli	azurblau	80
Schwertlilie	*Iris sibirica* 'Ego'	Mai–Juni	tiefblau	70
Schwertlilie	*Iris sibirica* 'Papillon'	Mai–Juni	pastellblau	90
Beetrand				
Katzenminze	*Nepeta x faassenii* 'Six Hills Giant'	Juni–Sept.	himmelblau	50
Storchenschnabel	*Geranium himalayense* 'Johnson Blue'	Juni–Juli	blau	40

Der schmale, lang gezogene Garten

Reihenhausgärten sind typischerweise lang gestreckt. Der Gartenbesitzer sieht sich einem schmalen, langen Streifen gegenüber, der schwierig zu gestalten ist. Auch bei größeren Gärten kann ein Teil des Grundstücks einem Schlauch oder Gang gleichen, der sich einer sinnvollen Nutzung zunächst widersetzt. Wie auch bei kurzen Gärten gilt es hier, das Auge zu täuschen und von der unbefriedigenden Form abzulenken. Dabei helfen einfache Grundregeln:

- **Garten gliedern:** Teilen Sie den Garten in kleinere Räume auf, indem Sie verschiedene Themen aufgreifen, unvereinbare Stile voneinander trennen, unterschiedliche Gartenbedürfnisse befriedigen oder von einem zu langen Garten ablenken.
- **Farbe nutzen:** Machen Sie sich die Wirkung von warmen Farben oder auffälligen Blickfängen zunutze. Diese leiten den Blick schneller an die Grundstücksgrenzen oder an einen gewünschten Punkt.
- **Begrenzungen kaschieren:** Vermeiden Sie auffällige Begrenzungen wie glatte Mauern und Zäune, da diese den Kanaleffekt verstärken. Begrünte Zäune oder Wildhecken mildern den unerwünschten Effekt.
- **Keine Tiefenwirkung:** Verwenden Sie im hinteren Bereich keine blauen oder bräunlichen Farben, da diese eine Tiefen- bzw. Fernwirkung erzeugen und den Garten dadurch noch länger erscheinen lassen.
- **Keine Längsachsen:** Vermeiden Sie lange, gerade Linien. Legen Sie stattdessen geschwungene Wege oder Beete an.

Aus eins mach drei ▶

Teilen Sie den Garten mit Hilfe von Rankgerüsten in drei sehr unterschiedlich gestaltete Räume. Der erste, puristisch angelegte Gartenteil erinnert durch den mit kleinen Steinen gepflasterten Boden und ein rechteckiges Wasserbecken an einen Innenhof.
Schlichte Bepflanzung durch Heiligenkraut (*Santolina*), Fünffingerstrauch (*Potentilla*), Funkien (*Hosta* spp.) und Buchs (*Buxus*) unterstreicht die klare Atmosphäre und erfordert nur geringen Pflegeaufwand. Kletterpflanzen, die an den Zäunen und Rankgerüsten emporwachsen bedienen die dritte Dimension. Verwenden Sie schnell wachsende Kletterer, die ihre Aufgabe als Raumteiler rasch wahrnehmen und in den zweiten Gartenteil überleiten.

Aus eins mach drei

Im zweiten Gartenabschnitt befindet sich eine eingebaute Sitzgelegenheit, deren Form sich im Umriss der gegenüberliegenden Beete widerspiegelt. Bunte Stauden und Kletterer bringen Farbe in diesen Gartenteil. Achten Sie aber darauf, nicht zu viele Farben zu verwenden, damit das Beet nicht kleinteilig und unruhig wirkt. Bewährt haben sich Ton-in-Ton-Kombinationen mit langer Blühdauer. Der Boden ist mit kleinen Klinkersteinen, wie sie auch am Gartenausgang verwendet werden, gepflastert. Durch die Verwendung gleicher oder ähnlicher Materialien werden die Garteile miteinander verbunden.
Der Eingang in den Gräsergarten befindet sich schräg gegenüber dem Ausgang in den Teichgarten. Dieser Richtungswechsel erzeugt Spannung und verhindert, dass man von einer Stelle aus in alle Gartenbereiche sehen kann. Der Gräsergarten besticht durch seine Leichtigkeit. Eine Eibenhecke rahmt das aus verschieden großen Kreisen geformte Gräserbeet ein. Die dunkle, relativ schwer wirkende Eibe bildet einen starken Hintergrund für die filigranen Gräser und unterstreicht deren luftigen Charakter.

Lang gestreckt muss nicht langweilig heißen.

Spektakulär im Winter

Als Blickfang im winterlichen Garten sehen auch die Reste des Sommers, wie z. B. Samenkapseln von Mohn und Silberling oder Fruchtstände von Kardendisteln, gemeinsam mit Gräsern oder vor immergrünen Hecken gut aus. Wenn Sie solche Pflanzen in Ihr Pflanzkonzept integrieren und nach dem Verblühen stehen lassen, haben Sie lange nach dem Sommer noch Freude. Die Auswahl dessen, was Sie stehen lassen, muss aber kritisch betrachtet werden, zu viel Abgestorbenes kann ein morbides Ambiente und Trostlosigkeit verbreiten.

Gut geteilt ist halb gewonnen ▶

Hier wird der Garten in zwei ungleich große Stücke geteilt. Der vordere Bereich hat Ziercharakter, der hintere Teil wird als Spielwiese für Kinder angelegt oder als Wildwiese belassen. Die teilweise Verwilderung des Gartens reduziert den Pflegeaufwand und schafft für Kinder einen abgetrennten Bereich zum Spielen. In der Wildwiese können auch Obstbäume gepflanzt werden. Die Wiese wird nur zweimal im Jahr geschnitten, zum Begehen dient ein gemähter Weg.
Eine Hecke gliedert den Garten. Im vorderen Bereich nimmt eine schräg positionierte ovale Rasenfläche dem Garten optisch die Länge. Die geschwungene Wegführung löst die Strenge der Grundstücksgrenzen auf und bringt Bewegung in das statische Rechteck.
Entlang dem Weg entstehen unterschiedliche Beetformen, die reich mit Kleinsträuchern wie z. B. Fünffingerstrauch (*Potentilla fruticosa*), Blauraute (*Perovskia*

atriplicifolia), Spierstrauch (*Spiraea humilis*) und langblühenden Stauden wie Katzenminze (*Nepeta faassenii*), Sonnenhut (*Rudbeckia fulgida* 'Goldsturm') oder Storchenschnabel (*Geranium*) bepflanzt werden. Zwei gegenüberliegende kleinkronige Bäume spenden Schatten und unterstreichen die geschwungene Wegführung.

Gut geteilt ist halb gewonnen

Glatte Oberflächen vermeiden

Vermeiden Sie in schmalen langen Gärten glatte Grundstücksbegrenzungen wie Mauern oder Zäune, da diese den Kanaleffekt verstärken. Mit Kletterpflanzen begrünte Zäune oder Wildhecken hingegen mildern den unerwünschten Effekt.

Nicht jeder Garten hat vier Ecken

Unregelmäßige Gartenformen findet man vor allem dort, wo eine vorgegebene Linie wie z. B. ein Bach, ein Fluss oder eine Straße einen Teil der Grundstücksgrenze bildet. Stellvertretend für unregelmäßige Gärten werden in diesem Kapitel Lösungen für dreieckige Grundrisse vorgestellt. Die Prinzipien beider Gestaltungsvorschläge können aber auch auf andere unregelmäßige Grundstücksformen angewendet werden. Bei unregelmäßigen Grundstücken soll man von der ungünstigen Gartenform ablenken und die vorhandene Fläche möglichst gut nutzen. Bei größeren Gärten löst sich das Problem oft von selbst, weil die Grenzlinie irgendwo in der Ferne verläuft und dadurch nicht wirklich auffällt.

Anders bei kleinen Gärten oder solchen, die zu allen Seiten klare Begrenzungen wie Mauern oder Hecken haben. Hier tritt die Form deutlich zutage. Vermeiden Sie eine strenge Bepflanzung entlang den Grundstücksgrenzen, denn dadurch unterstreichen Sie zwangsläufig die Dreiecksform.

Arbeiten Sie mit Sichtbarrieren, mit deren Hilfe Sie, je nach Grundstücksgröße, einen oder mehrere rechteckige Räume schaffen. Um den Garten nicht zu überladen, sollten die Raumteiler jedoch aus höchstens drei verschiedenen Materialien bestehen.

Gartenmöbel strukturieren und organisieren den Garten.

Grenzen setzen ▶

Der Garten wird in verschiedene Räume eingeteilt. Scheinbare Grenzen lenken von der wahren Grundstücksgrenze und damit von der Form des Grundstücks ab. Die Zwischengrenzen können aus verschiedenen Materialien errichtet werden. Mauern eignen sich ebenso wie Zäune, Sichtschutzelemente und Hecken. Die entstehenden Räume eignen sich als Lese- oder Sitzecken, als Sonnenplätze oder zum Verbergen unattraktiver Gartenelemente wie eines Kompostplatzes, einer Wäscheleine oder Ähnlichem. Wichtig ist, dass sich dort, wo der Blick auf Verborgenes preisgegeben wird, auch tatsächlich ein Blickfang befindet. Achten Sie jedoch stets darauf, den Garten nicht in zu viele Teile zu zerstückeln, da dies den Gesamteindruck und das Gefühl der Großzügigikeit zerstören würde.

Im vorliegenden Beispiel blickt man von der Terrasse in einer Richtung auf einen Rosengarten und in der anderen auf eine im Rasen platzierte Skulptur. Der Garten wird in ein Rechteck und ein Quadrat geteilt, der verbleibende Rest ist frei gestaltet und bietet Platz für schattenspendende Bäume und eine Laube. Im mittleren Gartenteil kann man von einer Sitzgelegenheit den Blick auf ein Schachbrett-Beet genießen. Hier finden zwischen Pflastersteinen Ihre Lieblingspflanzen Platz. Achten Sie bei der Pflanzenauswahl darauf, dass in den Jahreszeiten, in denen Sie den Sitzplatz nutzen, stets zumindest eine Pflanze wirklich gut aussieht.

Grenzen setzen

Eine runde Sache ▶

Auch in diesem Beispiel wird von der ungünstigen Gartenform abgelenkt, wenn auch etwas weniger strikt. Durch die runden Formen wirkt der Garten sehr dynamisch. Die miteinander verbundenen Kreisformen lenken die Aufmerksamkeit weg von der spitz zulaufenden Grundstücksgrenze, deren wahres Ausmaß durch eine Gruppe von kleinen Bäumen verdeckt wird. Der Blick bleibt im Garten und fokussiert nicht auf dessen Ende.

Es entstehen zwei ovale Rasenflächen, deren Ränder von Sträuchern, Immergrünen, mehrjährigen Stauden und Gräsern gesäumt werden. Das als Raumteiler fungierende Rankgerüst kann entweder permanent mit Rosen (*Rosa* spp.), Waldrebe (*Clematis)*, Glyzinie (*Wisteria*), Pfeifenwinde (*Aristolochia macrophylla*) oder Geißblatt (*Lonicera*) berankt werden oder, sofern Sie die Abwechslung lieben, tropischen und daher bei uns einjährigen Kletterern wie Prunkwinde (*Ipomoea*) oder Passionsblume (*Passiflora*) als Rankhilfe dienen.

Durch die wiederholte Verwendung von Holz als Terrassenbelag und Rankhilfe entsteht eine optische Verbindung durch den gesamten Garten. Diesen Effekt können Sie auch durch den Einsatz gleicher Pflanzen an verschiedenen Stellen im Garten erreichen. Auch größere, mit ein und derselben Pflanzenart bepflanzte Flächen geben ein einheitliches, ruhiges Bild ab. Im hinteren Teil des Gartens werden kleine Zier- oder Obstbäume gesetzt.

Achten Sie bei der Auswahl auf die endgültige Größe dieser Bäume und darauf, dass sie nicht den ganzen Garten beschatten. In kleinere Gärten passen Obstbäume, klein bleibende Vogelbeerbäume (*Sorbus aucuparia*) und schlanke Säulenhainbuchen (*Carpinus betulus* 'Frans Fontaine'). Als Einzelbaum oder in attraktiver Dreierbepflanzung wirken Birken, sie geben angenehmen, gebrochenen Schatten und haben eine dekorative Rinde.

Eine runde Sache

Wenig Platz – aber große Pläne

Miniteiche voller Leben

Auch wenn man in kleinen Gärten nicht alle Gartenwünsche verwirklichen kann, mit Kreativität können Sie einiges wettmachen und auch in engen Räumen mit alternativen Ideen scheinbar Unmögliches umsetzen. Auf den nächsten Seiten finden Sie Beispiele, wie Sie auf wenigen Quadratmetern Wasser in Ihren Garten holen oder sogar delikates Obst und Gemüse ernten können.

Wasserspiele einmal anders

Wasser zählt zu den vitalsten Gartenelementen. Es kühlt, erfrischt und belebt nicht nur Menschen, sondern auch Räume. Die kühlenden Wasserpartikel erzeugen ein eigenes Mikroklima, in dem durch das Verdunstungswasser erhöhte Luftfeuchtigkeit herrscht. So haben Sie in diesem Teil des Gartens eine etwas erweiterte Pflanzenauswahl.

Auch wenig Wasser hat oft große Wirkung.

Besitzer kleiner Gärten sind, hinsichtlich der Größe des Wasserelementes, in ihrer Auswahl zwar eingeschränkt, müssen aber nicht gänzlich darauf verzichten. Auch in kleinen Gärten gibt es schnelle und preiswerte Möglichkeiten, Wasser zu integrieren. Die beiden vorgestellten Varianten haben überdies den Vorteil, kindersicher zu sein.

Miniteiche voller Leben ▲

Mit Kübelteichen können Sie rasch und günstig ein bisschen Teichleben in Ihren Garten bringen. Dafür werden zwei bis drei, vorzugsweise ovale, Kübel im Boden versenkt. Die kostengünstigste Version sind leere Farbkübel mit einer Mindesttiefe von 40 cm, eine noblere Variante sind Kübel aus Stahl oder Aluminium. Es kommt allerdings nicht auf die Schönheit der Behälter an, da diese komplett im Erdreich versenkt werden. Befüllt werden die Kübel mit einem etwa 10 cm hohen Gemisch aus Erde, Sand, Kies und Steinen. Das anfänglich trübe Wasser wird klar, sobald sich die Schwebstoffe nach unten abgesetzt haben. Die Pflanzen können direkt in dieses Gemisch gesetzt werden. Sind Ihre Kübel tiefer, können Sie entweder die Sedimentschicht erhöhen oder einen größeren Stein auf den Kübelboden legen, auf den Sie dann Pflanzkörbe, wie man sie auch in Teichen verwendet, stellen. Zur Bepflanzung eignen sich Zwergseerosen (z. B. *Nymphea pygmaea* 'Helvola'), Pfeilkraut (*Sagittaria sagittifolia*) und Hechtkraut (*Pontederia cordata*).

Der große Vorteil dieses Teichsystems ist seine Einfachheit. Es kann nahezu überall eingesetzt werden und verursacht nur einen geringen Kosten- und Installationsaufwand. Der Pflegebedarf ist ebenfalls minimal. Die Kübel können im Winter im Erdreich verbleiben. Das durch Verdunstung verloren gegangene Wasser muss in Perioden mit wenig Regen eventuell aufgefüllt werden. Mit etwas Glück siedeln sich im Laufe der Zeit am oder im Wasser lebende Tiere wie Libellen, Kaulquappen oder Frösche an, die zusätzliches Leben in den Garten bringen.

Steinhelix ▶

Dieser außergewöhnliche Steinbrunnen erzeugt ein beruhigendes Plätschern und kann mit etwas handwerklichem Geschick selbst hergestellt werden. Er passt perfekt in kleine Gärten, kann aber auch eine Ecke eines größeren Gartens beleben oder als Blickfang am Terrassenrand dienen. Als Material eignen sich Natursteinplatten aus Basalt, Sandstein, Granit, Quarzit, Schiefer, Basaltlava oder Marmor. Die Farben dieser Steine, die durch den Einsatz im Wasser dunkler werden, reichen von Grautönen über blauschwarz, grünlich-gelb bis rot-braun.
Die Wasserskulptur kommt am besten zur Geltung, wenn Sie ihr eine »Bühne« ohne viel Konkurrenz durch Randbepflanzung zur Verfügung stellen. Ein schlichter Holzrahmen mildert die Härte des Steins optisch, ist jedoch in der feuchten Umgebung eher pflegeaufwändig. Ziehen Sie daher als Alternative die Verwendung von Steinen (Ziegelsteinen, Randabschlüssen etc.) in Erwägung.
Und so geht's: Schichten Sie im wasserdichten Container links und rechts der Pumpe je eine Ziegelsäule bis knapp unter die vorgesehene Wasserhöhe auf. Ordnen Sie auf diesen Säulen die mittig durchbohrten Platten an. Führen Sie den Wasserschlauch in Spiralform durch und schneiden Sie den Schlauch in einer Linie mit der letzten Platte ab, sodass er nicht aus dem Brunnen herausragt. Fertig! Füllen Sie den Brunnen mit sser und schalten Sie die Pumpe ein.

Bitte mit Fachmann!
Ziehen Sie für alle elektrischen Installationen im Garten immer einen Fachmann zu Rate!

Steinhelix

Die Kirschen im eigenen Garten ...

Selbst gezogenes und selbst geerntetes Obst und Gemüse sind ein großer Genuss und bedeuten auch in Zeiten überreichlicher Supermarktversorgung ein kleines bisschen Luxus. Ein kleiner Garten setzt diesem Vergnügen Grenzen, aber Sie müssen nicht gänzlich auf eigenes Obst zum Naschen und frisches, vitaminreiches Gemüse verzichten.

Ernten ohne Bücken

Ein Hochbeet bietet die Möglichkeit, auf kleinem Raum eine Reihe von Nutzpflanzen zu ernten. Ist etwas mehr Platz vorhanden, können zwei Hochbeete nebeneinander angelegt und mit Weidenbögen, an denen sich Kürbisse, Minigurken oder Brombeeren ranken, verbunden werden. Dies sieht sehr dekorativ aus und macht das Ernten einfach – kein Bücken, kein übermäßiges Strecken.
Bausätze für Hochbeete gibt es in jedem Baumarkt. Wenn Sie ein Hochbeet selbst bauen, achten Sie darauf, dass Holz und Erde nicht in direkten Kontakt kommen, da dies das Verrotten des Holzes beschleunigen würde. Empfehlenswert ist es auch, den Beetboden mit engmaschigem Wühlmausgitter auszulegen, das den kleinen Fressern das Eindringen unmöglich macht. Befüllen Sie das Hochbeet mit Grünabfällen, Schreddermaterial und Grasschnitt und decken Sie das Ganze mit einer Schicht herkömmlicher Gartenerde oder unreifem Kompost ab. Darauf kommt eine Schicht sterile Blumenerde, in die direkt gesät oder gepflanzt werden kann. Wichtig ist, dass die Pflanzen nicht zu dicht stehen, da sie sich sonst in ihrer Entwicklung gegenseitig behindern.
Nutzen Sie den Platz an den Rändern des Hochbeetes für Hängeerdbeeren, Kürbisse oder Minigurken, denn dort kommen die Früchte nicht mit der Erde in Berührung und sind überdies leicht zu ernten. Wärmeliebhaber wie Tomaten oder Paprika finden in der Mitte des Beetes Platz, oder sofern dieses an einer Mauer steht, im hinteren Bereich, wo sich die Wärme staut.

Fruchtcocktail in Augenhöhe

Wenn die Bodenfläche eines Gartens beschränkt ist, so bleibt immer noch die dritte Dimension, sprich die Höhe. Wein, Kiwi, Kürbisse, Feuerbohnen, Brombeeren, Minigurken etc. bringen Früchte in luftigen Höhen. Auch eine Gartenmauer, die Hauswand oder eine Pergola über der Terrasse bieten solchen Kletterspezialisten Halt. Sie sehen dekorativ aus, spenden Schatten und bereichern den Speiseplan mit selbst gezogenen Leckereien.
Speziell für kleine Gärten gezüchtetes Säulenobst (Spindelbusch) ermöglicht den platzsparenden Anbau von Äpfeln und Birnen. Johannisbeeren und Stachelbeeren gibt es auf Hochstamm veredelt. Dies lässt Platz für den Anbau von Obst und Gemüse zu deren Füßen. Für Liebhaber traditioneller Sorten bleibt die Möglichkeit, Kern- und Steinobst als Spalierobst an einer Mauer zu ziehen. Dazu gehört aber etwas Erfahrung oder ein gutes Fachbuch.

Mühelos ernten – ein Hochbeet kommt Ihnen entgegen.

Das Wichtigste zusammengefasst

• **Kurzer Garten:** Kaschieren Sie die wahre Gartengröße, indem Sie gerade Linien und Wege durch geschwungene ersetzen. Dadurch dauert der Weg durch den Garten nicht nur visuell, sondern auch tatsächlich länger. Vermeiden Sie jedoch einen Zickzackkurs, an dessen Ende es nichts zu sehen gibt. Auch diagonal gestaltete Gärten wirken länger.

• **Räume gestalten:** Gestalten Sie einen lang gestreckten Garten nicht in einem Stück, sondern unterteilen Sie ihn in Räume. Durch die optische Abtrennung sieht man immer nur einen Teil des Gartens, seine wahre Länge bleibt verdeckt. Ein zusätzlicher Vorteil ist, dass man auch verschiedene Gartenstile oder Bereiche unterbringen kann, die nicht zueinander oder ins Gesamtbild passen. Wenn Sie mehrere Raumteiler einziehen, können Sie diese auch zum Haus hin höhenmäßig leicht abstufen. Dadurch entstehen ein erweitertes räumliches Gefühl und Spannung. Man sieht, dass man noch nicht alles gesehen hat.

• **Pflanzenauswahl:** Schnellen Erfolg bringen reife Pflanzen. Sie haben das nötige Volumen, sind allerdings auch teurer. Jungpflanzen haben den Vorteil, dass sie sich rascher eingewöhnen und den Vorsprung auf größere Pflanzen in wenigen Jahren aufholen. Wägen Sie sorgfältig ab, wo welche Pflanzen angebracht sind und wo sie den gewünschten Effekt bringen.

• **Farben:** Mit Farben lassen sich nicht nur Stimmungen erzeugen, sondern auch unterschiedliche Wirkungen erzielen. Rot verkürzt den Garten optisch und eignet sich bei langen, schmalen Grundstücken für den hinteren Teil des Gartens. Violette, blaue und braune Farbtöne verleihen dem Garten Tiefe. Setzt man sie im hinteren Teil des Gartens, erscheint dieser länger.

• **Wasser ist Leben:** Wasser erfrischt und belebt. Es ist eines der wertvollsten Gestaltungselemente im Garten und findet selbst auf kleinstem Raum Platz. Verzichten Sie nicht darauf! Etwas geht immer, sei es ein Wandbrunnen oder ein kleines Wasserelement, der Kreativität sind keine Grenzen gesetzt. Wasserklänge kann man durch unterschiedliche Pumpenleistung, Variieren des Auslasswinkels oder Tiefe und Material des Auffangbeckens anpassen. Je nach persönlicher Vorliebe lassen sich Klänge wie Rauschen, Plätschern, Sprudeln, Gurgeln, Tropfen oder Blubbern erzeugen.

Die schönsten Pflanzen

Auf den folgenden Seiten finden Sie eine Auswahl von Pflanzen, die zu den gemachten Vorschlägen passen und im guten Fachhandel leicht erhältlich sind. Eine kurze Beschreibung der optischen Vorzüge und Hinweise zur Verwendbarkeit sollen Ihnen helfen, geeignete Pflanzen für Ihr Gartenproblem auszuwählen.

Die Vogelbeere ist ein Anziehungspunkt für Singvögel.

Bartblume (*Caryopteris clandonensis* x 'Grand Bleu')

Sommerblühender Kleinstrauch, dessen kräftig dunkelblaue Färbung in kleinen Gärten gezielt verwendet werden kann, um den Blick optisch weiter in die Ferne zu tragen. Die Bartblume lässt sich in Beeten gut mit Rosen und Stauden kombinieren, kann aber auch als pflegeleichter Bodendecker eingesetzt werden. Ein Rückschnitt auf ca. 30 cm im Frühjahr bewirkt, dass der kugelige dichte Kleinstrauch kompakt bleibt. Die Blätter duften aromatisch.
Blütezeit: August–September
Höhe: 1–1,5 m

Brombeere (*Rubus fruticosa* 'Navaho')

Brombeeren sind willkommene Fruchtträger in kleinen Gärten, da ihre Ranken in die Länge und nicht in die Breite wachsen. Die stachellose Sorte 'Navaho' gibt früh und reichlich große Beeren, die sich dank der fehlenden Dornen leicht ernten lassen. Da sie selbstbestäubend ist, kann sie allein stehend gepflanzt werden. Um sich entfalten zu können, brauchen Brombeeren eine Rankhilfe, wie z.B. ein Spalier, einen Zaun oder einen Stützdraht.
Erntezeit: Juli
Höhe: 1 m

Vogelbeere (*Sorbus aucuparia*)

Dekorativer, sehr vielseitig einsetzbarer Baum mit lockerer Krone. Die im Frühjahr erscheinenden weißen Blüten, der rote Fruchtschmuck im Sommer und das bunte Herbstlaub machen ihn zu einem attraktiven Gartenbaum, der mit wenig Platz auskommt und sich daher auch für kleinere Gärten oder Pflanzflächen eignet. Die in Massen erscheinenden hellroten Früchte halten sich lange am Baum und sind für Vögel eine geschätzte Futterquelle.
Blütezeit: Mai
Höhe: 5–6 m

Goldwaldrebe (*Clematis tibetana tangutica*)

Diese Sorte der Clematis wird als Langzeitblüher geschätzt. Obwohl die ersten Blüten bereits im Juni erscheinen, ist sie für ihre bis in den Oktober reichende Herbstblüte bekannt. Sie rankt sich z. B. bereitwillig an Mauerspalieren entlang und verkleidet diese mit der Zeit zur Gänze. Ihre goldgelben Blütenglöckchen werden von den fedrigen Früchten abgelöst, die auch im Winter attraktiv aussehen. Der Rückschnitt erfolgt zeitig im Frühjahr.
Blütezeit: Juni–Oktober
Höhe: 3–4 m

Johannisbeere (*Ribes nigrum* 'Jonkheer van Tets')

Johannisbeeren einmal anders! Diese sehr frühe Sorte ist sowohl als Strauch als auch als Hochstamm erhältlich. Letztere eignet sich ausgezeichnet für Gärten mit limitiertem Platzangebot, da sich Hochstämme mit anderen Früchten und Gemüsen unterpflanzen lassen, wodurch auf wenig Platz viel untergebracht werden kann. 'Jonkheer van Tets' ist reich tragend und braucht wie alle Hochstämmchen eine Stütze, die bis in die Krone reicht.
Erntezeit: Juli
Höhe: ca. 1,5 m

Katzenminze (*Nepeta faassenii*)

Beliebte, unkomplizierte Rosenbegleitstaude, die zu weißen und rosafarbenen Rosensorten sensationell aussieht und deren Blüten den ganzen Sommer lang erfreuen. Durch ihre lavendelblaue Farbe hält sich Katzenminze optisch dezent im Hintergrund. Großflächig als Bodendecker verwendet, erhält sie mehr Gewicht. Pflanzen Sie Katzenminze in Sitzplatznähe und genießen Sie den angenehm aromatischen Duft der graugrünen Blätter.
Blütezeit: Mai–September
Höhe: 30 cm

Kletterrose
('Climbing Iceberg')

Reinweiße Kletterrose, die mit ihren locker gefüllten Blüten Mauern, Pergolen, Rosenbögen oder Rankgitter überaus dekorativ überzieht. Sie bevorzugt sonnige Plätze, verträgt aber auch lichten Schatten. 'Climbing Iceberg' ist eine Bereicherung für jeden Garten. Sie eignet sich aber besonders zum Verkleiden von verschiedenen baulichen Maßnahmen, die notwendig sind, um z. B. lange Gärten in kleinere Gartenräume zu teilen.
Blütezeit: Juni–September
Höhe: 5 m

Pfeilkraut
(*Sagittaria sagittifolia*)

Das Pfeilkraut macht seinem Namen alle Ehre. Die weißen Blüten dieser attraktiven Wasserpflanze sind eher nebensächlich, interessant sind ihre sattgrünen Blätter, die wie Pfeilspitzen aus dem Wasser ragen. Pfeilkraut treibt erst im späten Frühjahr aus und kann unter idealen Bedingungen stark wuchern. Eine »Kübelhaltung« ist daher optimal, da sie das Wachstum auf natürliche Weise begrenzt. Bevorzugte Wassertiefe: 10–50 cm.
Blütezeit: Juni–Juli
Höhe: 40 cm

Zwergrohrkolben
(*Typha minima*)

Die architektonisch anmutenden, braunen Zwergrohrkolben sind eine interessante Ergänzung zu herkömmlichen Wasserpflanzen. Die braunen Kolben bieten Insekten und Vögeln Nahrung. Da sie recht wuchern, werden sie normalerweise bei der Bepflanzung von kleinen Teichen nicht in Erwägung gezogen. In Miniteichen (Kübelteichen) können sie allerdings ohne Bedenken verwendet werden, da der Kübel ihr Wachstum im Zaum hält.
Blütezeit: Juni–Juli
Höhe 30–45 cm

Zwergseerose
(*Nymphea pygmaea* 'Helvola')

Seerosen gedeihen nur in stehenden Gewässern. Sie punkten durch ihre attraktiven, flach auf dem Wasser liegenden Blätter und ihre zarten, manchmal auch opulenten Blüten. Die Zwergseerose *Nymphea pygmaea* 'Helvola' macht mit ihren schwefelgelben Blüten den kleinsten Teich zum Blickfang. Da sie bereits mit einer Wassertiefe von 10 bis 30 cm zufrieden ist, eignet sie sich sowohl für Mini- und Kübelteiche als auch für seichte Randzonen.
Blütezeit: Juli–August
Höhe: 3–6 cm

Säulenhainbuche (*Carpinus betulus* 'Frans Fontaine')

Hainbuchen sind heimische Bäume, die wenig Anspruch an Boden und Klima stellen. Sie gedeihen sowohl in sonnigen Lagen als auch im Schatten. Ihr lange hängenbleibendes Laub gibt im Winter Sichtschutz. Diese Säulenhainbuche ist besonders empfehlenswert, da der schlanke, kegelförmige Kronenaufbau bis ins Alter erhalten bleibt. Dadurch stellt die Baumgröße in kleinen Gärten oder einzelnen Gartenräumen selbst nach Jahren kein Problem dar.
Blüte: unauffällig
Höhe: 5–8 m

Sumpfiris
(*Iris pseudacorus*)

Bereits lange vor dem Erscheinen der leuchtend gelben Blüten bringen die schaftartigen Blätter der Sumpfiris eine strenge vertikale Linie in den Gartenteich. Am besten kommt dies zur Geltung, wenn man *Iris pseudacorus* mit kontrastierenden Formen wie z. B. flachen Seerosen oder auffälligem Pfeilkraut pflanzt. Da der Sumpfiris eine Wassertiefe von ungefähr 15 cm reicht, kann sie problemlos in Kübelteiche gesetzt werden.
Blütezeit: Mai–Juni
Höhe: 1 m

Verschiedene Standorte

Zu trocken, zu schattig, zu sonnig oder zu windig? Hier ist nichts zu machen, oder? Doch, es gibt Spezialisten, die mit diesen Umständen fertig werden. Lernen Sie sie kennen und begrünen Sie die schwierigen Ecken Ihres Gartens.

In den meisten Gärten gibt es Ecken, in denen ungünstige Bedingungen für das Pflanzenwachstum herrschen und wo scheinbar nichts gedeiht. Manchmal ist es der Mangel, manchmal der Überfluss von Faktoren, die an und für sich für Pflanzen lebensnotwendig sind, wie Sonne, Schatten oder Wasser, der Probleme macht.
Es gibt jedoch Pflanzen, die mit diesen erschwerten Bedingungen zurechtkommen und mehr noch, manchmal erst so richtig aufzublühen scheinen. Eine feuchte, schattige Ecke, trockener Boden unter Bäumen oder an Hecken, ein zugiger Durchgang sowie ein windgeplagter Sitzplatz bedürfen einer bewussten Pflanzenauswahl.

Funkien sind mit wenig Licht zufrieden.

Manchmal reicht es, die Antwort der Natur auf solche Standorte zu analysieren! Überlegen Sie, was dort wild wachsen würde. Moos? Warum beziehen Sie dann nicht Moos in die Gestaltung ein und kreieren eine kontemplative, an fernöstliche Gärten erinnernde Ecke! Gibt es Zuchtformen von Wildpflanzen, die sich für einen Ziergarten eignen? Dort, wo die Pflanzenauswahl sehr limitiert ist, können Sie verschiedene Sorten derselben Pflanze verwenden, da diese meist eine ähnliche Standorttoleranz aufweisen und dennoch eine gewisse Abwechslung ins Beet bringen.
Während diese Gegebenheiten meist nur auf einen Teil des Gartens zutreffen und lokal leicht behoben werden können, bedürfen andere eines größeren Konzeptes. Windexposition und straßenseitige Lärm- und Staubbelastung sind dabei die am häufigsten auftretenden Themen.

Eine trockene Angelegenheit

Schatten ist ein wichtiger Bestandteil jedes Gartens, der an heißen Sommertagen den Aufenthalt draußen erst erträglich macht. Dort, wo es zu viel davon gibt, kann Schatten jedoch auch eine Herausforderung sein. Man unterscheidet trockenen und feuchten Schatten. Die Unterscheidung ist wichtig, da sie die Pflanzenauswahl maßgeblich beeinflusst. Trockenen Schatten findet man im Traufbereich des Hauses, an Hecken oder unter Bäumen.
Der Schatten hat einen entscheidenden Einfluss auf die Pflanzenauswahl, deshalb sollten Sie, bevor Sie ans Werk gehen, beobachten, wie lange und intensiv an der entsprechenden Stelle Schatten herrscht. Je dichter die Baumkrone, desto weniger Licht und Wasser stehen den darunter wachsenden Pflanzen zur Verfügung. Oftmals bleibt nicht mehr als ein Drittel der

Wassermenge für sie übrig, der Rest versickert im Traufbereich des Baumes. Von der verbleibenden Menge wird noch einiges von den Baumwurzeln aufgesogen. Entsteht der Schatten durch Pflanzen, wie Bäume oder große Sträucher, können Auslichtungsmaßnahmen bereits den gewünschten Erfolg bringen.
Aber bitte mit Augenmaß! Denken Sie aber daran, dass ein Baum schnell gefällt ist, aber Jahrzehnte zum Nachwachsen braucht.

Attraktive Schattenliebhaber

Die Auswahl an Pflanzen, die Schatten und Trockenheit tolerieren und zudem auch noch attraktiv aussehen, ist begrenzt. Großartige Blüher sind nicht darunter, aber ihre Formen, Strukturen und die verschiedenen Laubfarben verdienen durchaus Beachtung.

Im trockenen Schatten von Bäumen fühlen sich wohl:

Deutscher Name	Lateinischer Name	Höhe in cm
Sträucher		
Alpenjohannisbeere	*Ribes alpinum*	150
Haselnuss	*Corylus avellana* 'Anny's Red Dwarf'	150
Heckenkirsche	*Lonicera xylosteum*	300–400
Kaukasus-Strauchefeu	*Hedera colchica* 'Arborescens'	200–300
Kirschlorbeer	*Prunus laurocerasus* 'Mano'	100
Mahonie	*Mahonia aquifolium* 'Apollo'	150
Pfaffenhütchen	*Euonymus europaeus*	200–300
Strauchefeu	*Hedera helix* 'Arborescens'	200–300
Zwergheckenkirsche	*Lonicera xylosteum* 'Compacta'	150
Kletterpflanzen		
Wilder Wein	*Parthenocissus quinquefolia*	bis 10 m
Winterjasmin	*Jasminum nudiflorum*	200–300
Stauden		
Aronstab	*Arum italicum* 'Pictum'	30
Silberling	*Lunaria rediviva*	70
Farne		
Goldschuppenfarn	*Dryopteris affinis*	120
Hirschzunge	*Asplenium scolopendrium*	30
Tüpfelfarn	*Polypodium vulgare*	20

Das Spektrum der Pflanzen (siehe Tabelle auf Seite 31) kann erweitert werden, indem man die Luftfeuchtigkeit am Standort durch einen Sprudelstein oder einen kleinen Wandbrunnen erhöht. Unabhängig von der Trockenheitstoleranz der gewählten Pflanzen müssen diese im Hochsommer meist bewässert werden.

(Über-)Lebenskünstler ▼

Die Idee für diesen Vorschlag für eine trockene, schattige Stelle am Haus kommt aus der Natur, wo sich der Pflanzenwuchs beispielsweise an ähnlich gelegenen Waldrändern selbst reguliert. Nur angepasste Pflanzen überleben und sehen auch noch gut aus. Im Schattenbeet liegt der Fokus allerdings nicht auf Wild-, sondern auf Zierpflanzen, die mit trockenem Schatten zurecht kommen. An einem kleinen Spalier an der Hausmauer schafft ein Schlingendes Geißblatt (*Lonicera tellmanniana*) die Verbindung zwischen Beet und Haus. Die gelbblühende Mahonie, Kirschlorbeer, Nieswurz und Buchs behalten ihre Blätter auch im Winter und bewahren durch ihre Formen die Attraktivität des Beetes. Im Sommer bringen verschiedene Sorten von Elfenblumen, Fingerhut, Bergenie, Kaukasus-Vergissmeinnicht und Kleines Immergrün Farbe in das trockene Schattenbeet.

(Über-)Lebenskünstler: **1** Mahonie (*Mahonia aquifolium* 'Smaragd'), **2** Kirschlorbeer (*Prunus laurocerasus* 'Donautal'), **3** Frauenmantel (*Alchemilla mollis*), **4** Waldmarbel (*Luzula nivea*), **5** Elfenblume (*Epimedium rubrum*), **6** Nieswurz (*Helleborus argutifolius*), **7** Kirschlorbeer (*Prunus laurocerasus* 'Reynvaanii'), **8** Fingerhut (*Digitalis purpurea* 'Gloxiniiflora'), **9** Fingerhut (*Digitalis grandiflora*), **10** Buchs (*Buxus sempervirens* 'Faulkner'), **11** Kleines Immergrün (*Vinca minor*), **12** Elfenblume (*Epimedium youngianum* 'Niveum'), **13** Bergenie (*Bergenia* 'Silberlicht'), **14** Kaukasus-Vergissmeinnicht (*Brunnera macrophylla* 'Jack Frost'), **15** Schlingendes Geißblatt (*Lonicera tellmaniana*)

Formstark

Formstark ▲

Dieser Gestaltungsvorschlag ist reduziert auf wenige Elemente mit ausdrucksstarken Formen. Buchs, Steine, Bambus und Wasser vereint in einer kühlen, erfrischenden Kombination.
Buchskugeln in verschiedenen Größen umschließen eine rechteckige, aus dem Erdreich ragende Steinstele, zu deren Füßen aus einem Bambusrohr Wasser in ein Steinbett fließt (oder tropft). Dort versickert es, wird in einem unterirdischen Becken aufgefangen und wieder zum Ausgangspunkt zurückgeführt. Dunkle Steine kontrastieren gut mit der Bepflanzung und glänzen schön, wenn sie feucht sind. Das verstärkt den erfrischenden Eindruck.
Buchs ist eine dankbare Pflanze. Er ist immergrün, äußerst trockenheitsresistent, wächst langsam und kann einige hundert Jahre alt werden. Abgesehen vom gelegentlichen Formschnitt ist nur wenig Pflegeaufwand erforderlich. Buchskugeln sind jedoch ab einer gewissen Größe relativ kostspielig.
Kaufen Sie daher kleinere, bereits kugelig wachsende Pflanzen (z. B. *Buxus sempervirens*-Sorten wie 'Blauer Heinz', 'Suffruticosa', 'Faulkner') und nehmen Sie den weiteren Formschnitt selbst in die Hand. Mai bis August sind die besten Monate dafür. Ein bisschen Geschick und Mut sind alles, was Sie brauchen. Keine Sorge: Es wächst ja wieder nach ...

Schattenspieler

Schattige, feuchte Ecken zählen nicht zum Begehrtesten, was ein Garten zu bieten hat! Häufig werden solche Gartenbereiche vernachlässigt und zu Abstellplätzen degradiert. Eine Lösung, die die negative Energie noch verstärkt.
Lassen Sie sich durch den morbiden Charakter nicht verdrießen! So ein Gartenbereich kann ohne viel Aufwand und Kosten zu Ihrem Lieblingsplatz für heiße Sommertage werden. Mit wenigen Elementen verwandeln Sie den ehemals ungenützten Ort in eine Energietankstelle für zwischendurch.
Grundsätzlich gilt: Je dunkler die Ecke, desto mehr können Sie sich in Sachen Baumaterial erlauben. Die Tatsache, dass nicht das Schönste und Neueste verwendet werden muss, schont die Geldbörse und verleiht dem Ort einen besonderen Charakter. Der Boden kann zum Beispiel kostengünstig mit einem Mosaik aus Flusssteinen, recycelten Pflastersteinen oder Steinimitaten ausgelegt werden.
Die Pflanzenauswahl für Dauerschatten ist nicht besonders groß, daher ist es hilfreich, auf verschiedene Arten und Sorten der gleichen Pflanze zurückzugreifen. Bambus, Farne, Efeu, Funkien und andere Blattschmuckpflanzen gelten als exzellente Schattenpflanzen und sind in vielen Sorten erhältlich. Sparen Sie nicht mit Pflanzen! Ihr dichtes grünes Blätterkleid deckt einiges zu und lässt den Ort fruchtbar und üppig aus-sehen.
Wenn Ihnen die grüne Schattenecke zu eintönig wird, können Sie ein paar Töpfe mit blühenden Frühlings- oder Sommerblumen aufstellen. Der grüne Hintergrund bringt deren Farben so richtig zum Strahlen. Vermeiden Sie Rasen, da dieser im Schatten rasch unansehnlich und moosig wird. Die Alternative ist, gleich mit Moos zu arbeiten. Dieses kann in Kombination mit Stein, Wasser und Blattschmuckstauden wie Funkien sehr reizvoll aussehen.

Ein schattiger Standort lässt sich auch in ein Freiluftzimmer für Zimmerpflanzen umfunktionieren. Viele von ihnen sind tropischer Herkunft und können bei uns auf Dauer nur im Haus überleben. Ein Sommer im Freien tut ihnen aber gut, sei es in attraktiven Töpfen arrangiert oder mitsamt dem Topf in der Erde versenkt. Die meisten dieser Pflanzen ziehen dabei einen schattigen Standort vor, an dem ihre großen, dekorativen Blätter nicht Gefahr laufen, von der Sonne versengt zu werden. Mit Hilfe dieser Exoten lässt sich eine tropisch anmutende Ecke gestalten. Wenn Sie nicht so weit gehen wollen, können Sie eine große Zimmerpflanze gezielt als Fokalpunkt einsetzen.

Vorsicht vor ungebetenen Gästen!
Vergessen Sie nicht, die Zimmerpflanzen vor der Rückübersiedlung ins Haus nach Schädlingen abzusuchen.

Schattendasein bevorzugt ▶

Feuchte Nischen und Ecken im Garten können mit Hilfe der richtigen Pflanzenauswahl zum kleinen grünen Dschungel werden, denn was vielen Schattenpflanzen an Blüten fehlt, machen sie durch großes, auffallend schönes Laub wett. Die erhöhte Luftfeuchtigkeit kommt Pflanzen mit großer Blattfläche sehr zugute. Kühl und feucht mögen es Funkien (*Hosta* ssp.), Efeu (*Hedera helix*), das großblättrige Schaublatt (*Astilboides tabularis*), Geißbart (*Aruncus dioicus*) und als Bodendecker Kleines Immergrün (*Vinca minor*), Staudenhartriegel (*Cornus canadensis*) und Haselwurz (*Asarum europaeum*).
Die beruhigende, kühle Atmosphäre des Ortes wird durch einen kleinen Brunnen unterstrichen, je nach Geschmack freistehend oder wandmontiert. Der Klang leicht fließenden oder tropfenden Wassers ist eine Bereicherung für Ohr und Seele. Vermeiden Sie stehendes Wasser, da diesem die zur Raumbelebung nötige Energie fehlt. Stein, Wasser und Blattschmuckpflanzen sind das Geheimnis dieses Ortes.

Schattendasein bevorzugt

Asien-Look ▶

Fernöstlich anmutende Gärten sind auf das Wesentliche reduziert. Wenige, hauptsächlich grüne Pflanzen, Stein und scheinbar verloren gegangenes Zeitgefühl sind die Hauptbestandteile dieses Gartens. Nichts ist hier zufällig, alles hat seinen Sinn und seinen Platz. In Vollendung sehen fernöstliche Gärten für unser westliches Auge manchmal zu organisiert aus und passen häufig auch nicht zu Haus und Landschaftsbild, aber es lohnt, Anleihen aus dieser reduzierten Art der Gartengestaltung zu nehmen.
Im Gegensatz zur ersten, üppig gestalteten Gartenecke wird hier Zurückhaltung geübt. Die Grundlage für diesen Gestaltungsvorschlag ist eine satte grüne

Moosschicht, die Sie entweder in spezialisierten Moosgärtnereien erhalten oder aus Samen selbst ziehen können. Einige größere Steine unterstreichen den fernöstlichen Charakter, ein imaginärer Bachlauf aus grauem Schiefer unterbricht das Grün des Mooses. Beim Solitärgehölz sollten Sie nicht sparen. Leisten Sie sich ein in Bonsaimanier geschnittenes Bäumchen oder platzieren Sie dort, wo einige Sonnenstrahlen hinkommen, einen japanischen Ahorn mit brillanter Blattfärbung. Achten Sie auf ein adäquates Pflanzgefäß und den passenden Hintergrund, damit das Herzstück Ihres Designs auch vollends zur Geltung kommt. Vor einer unansehnlichen Mauer können zum Beispiel Bambusstäbe in verschiedenen Längen gesetzt werden. Das unterstreicht den fernöstlichen Touch und sieht sehr ansprechend aus.

Asien Look

Hot Spots

Die Mehrzahl der Pflanzen liebt, ebenso wie die Mehrzahl der Menschen, Sonne und Wärme. Dort, wo ein Zuviel davon herrscht, wird der Aufenthalt allerdings für beide unangenehm. Menschen haben den Vorteil, dass sie in den Schatten oder ins kühle Haus wechseln können, die Pflanzen sind der Hitze ausgeliefert. Wenn pralle Sonne in Kombination mit einem gut entwässernden Boden vorkommt, das heißt, wenn aufgrund der Bodenstruktur Regen- und Gießwasser rasch abfließen, dann bekommen auch viele sonnenliebende Pflanzen ein Problem, es sei denn, sie werden regelmäßig mit Wasser versorgt.

Schatten zu erzeugen ist eine Möglichkeit, Gartenbereiche von der Sonne etwas abzuschirmen. Den angenehmsten Schatten spenden Pflanzen und im Speziellen, Bäume.

Achten Sie beim Pflanzen eines Baumes unbedingt auf seine endgültige Größe sowie darauf, ihn nicht zu nahe an das Haus bzw. die Terrasse zu setzen. Was ursprünglich willkommenen Schatten spendet, kann nach einigen Jahren oder Jahrzehnten eine beachtliche Größe erreichen und das ganze Haus und die Terrasse verdunkeln. Außerdem können flachwurzelnde Bäume ein Problem für die Sicherheit des Hauses darstellen.

Neben Pflanzen geben Sonnensegel, Markisen, Lauben und Pergolen Schatten und machen den Aufenthalt im Freien auch in den Mittagsstunden angenehm. Auch Steine, Kies und Wasser haben einen kühlenden Effekt. Eher psychologische Wirkung kann der Verwendung von kühlen Farben wie Weiß, Blau oder Pastelltönen zugeschrieben werden. Sie wirken im Freien ebenso wie in Räumen und können einen Garten oder Gartenteil um etliche Grad kühler erscheinen lassen.

Generell gilt zu beachten, dass ausgedehnte Pflasterflächen die Trockenheit vergrößern, da sie Hitze speichern und auch nachts noch Wärme an ihre Umgebung abgeben.

Manche mögen's heiß ▼

Manche mögen's heiß

Das farblich abwechslungsreich gestaltete Beet wirkt vor allem durch die verschiedenen Formen und Strukturen. Reizvoll und harmonisch beschert die ausgewogene Bepflanzung mit langlebigen Stauden, Gräsern, Gehölzen und Zwiebelblumen zu jeder Jahreszeit einen interessanten Anblick.
Gewählt wurden Gräser und Stauden, deren Samenstände auch nach ihrem Höhepunkt dekorativ sind und dadurch das Kiesbeet auch im Herbst und Winter zieren. Sie werden zeitig im Frühjahr zurückgeschnitten und treiben dann neu durch. Alle in den Gestaltungsvorschlag aufgenommenen Pflanzen zeichnen sich durch hohe Toleranz gegenüber Trockenheit aus.

1 Iranlauch (*Allium aflatunense*), **2** Rosmarinblättriges Heiligenkraut (*Santolina rosmarinifolia*), **3** Blauschwingel (*Festuca glauca*), **4** Feldthymian (*Thymus serpyllum*), **5** Katzenminze (*Nepeta faassenii*), **6** Reitgras (*Calamagrostis acutiflora*), **7** Königskerze (*Verbascum bombyciferum*), **8** Zartes Federgras (*Stipa tenuissima*), **9** Hohe Fetthenne (*Sedum telephium* 'Herbstfreude'), **10** Italienischer Aronstab (*Arum italicum*), **11** Blutberberitze (*Berberis thunbergii* 'Atropurpurea'), **12** Riesen-Mannstreu (*Eryngium giganteum*), **13** Raugras (*Stipa calamagrostis*), **14** Schafgarbe (*Achillea* ‚Moonshine'), **15** Echter Salbei (*Salvia officinalis* 'Berggarten'), **16** Silberblättriges Heiligenkraut (*Santolina chamaecyparissus*), **17** Wacholder (*Juniperus* 'Skyrocket'), **18** Schleierkraut (*Gypsophila* ‚Rosenschleier'), **19** Schnittlauch (*Allium schoenoprasum*), **20** Sonnenröschen (*Helianthemum* 'Bronzeteppich'), **21** Haarpfriemengras (*Stipa capillata*)

Zu den Überlebenstaktiken bei Wassermangel zählen ein dichter Haarfilz auf Blättern und Blüten, fleischige Blätter mit hoher Wasserspeicherfähigkeit, Wurzel- oder Zwiebelknollen als Speicherorgan oder weit verzweigte und tief ins Erdreich vordringende Wurzeln. Trotzdem sollten Sie den Boden nach dem Auspflanzen mit einer dicken Mulchschicht (Rinden-, Grasmulch, etc.) vor dem allzu raschen Austrocknen schützen. Damit sparen Sie Gießwasser und helfen den Gewächsen vor allem in den ersten Jahren, beim Einwachsen.
Das großzügig angelegte Beet bedeckt einen ungefähr 6 x 3,5 m großen trockenen Gartenteil und stellt eine kreative Alternative zu unter diesen Umständen leicht verdorrenden Rasen oder leblosen Pflasterflächen dar. Es kann auch in einem kleineren Rahmen mit reduzierter Pflanzenauswahl verwirklicht werden.

Wasser – und die Wüste lebt!

In diesem Vorschlag werden Hitze und Trockenheit dadurch gemildert, dass in Teilbereichen des Gartens Schatten erzeugt und die erfrischende Wirkung von Wasser genützt wird. Durch die Anlage eines an die Terrasse angrenzenden Gartenteiches entsteht im Bereich des Sitzplatzes ein eigenes Mikroklima mit kühleren Temperaturen.
Das macht den Aufenthalt angenehm und erweitert die Pflanzenauswahl am Sitzplatz um wasser- und feuchtigkeitsliebende Pflanzen, die zudem noch mit prächtigen Blüten beeindrucken, wie Hechtkraut (*Pontederia cordata*), Pfeilkraut (*Sagittaria sagittifolia*), Seerosen (*Nymphaea* Hybriden), Blutweiderich (*Lythrum salicaria*), Sumpfiris (*Iris pseudacorus*) oder Japanische Prachtiris (*Iris ensata*).
Beschattet wird der Sitzplatz am Wasser mittels Markise oder Sonnensegel. Auch eine pflanzenbewachsene Pergola wäre ein empfehlenswerter, allerdings nicht unmittelbar effektiver Schattenspender – es dauert einige Zeit, bis die Pflanzen groß genug sind.

Wind, Wind, du himmlisches Kind

Permanentes, starkes Windaufkommen kann die Nutzung des Gartens erheblich beeinträchtigen und auch den Pflanzen schaden, da ihnen an der Blattoberfläche ständig Wasser entzogen wird. Welche windberuhigenden Maßnahmen erforderlich und sinnvoll sind, hängt von Windaufkommen und Gartengröße ab.
Erfahrungsgemäß schützt ein Windbrecher auf einer Fläche, die etwa dem Achtfachen seiner Höhe entspricht. Ein 2 m hoher Windschutz beruhigt die Luftbewegungen auf einer Fläche von ca. 16 m^2. Um wirklich effektiv zu sein, sollte der Windschutz eine Höhe von 4 m haben. Wichtig ist, dass der Windschutz solide, aber nicht undurchdringlich ist, da sonst der entstehende Fallwind die Luftturbulenzen in anderen Teilen des Gartens verstärkt. Durchlässige Windbrecher blockieren den Wind nicht, sondern bremsen die Windgeschwindigkeit.

Wasser lässt trockene Stellen erblühen.

Mauern Sie nicht!
Eine Mauer als Windschutz für Durchgänge aufzuziehen bringt Ihnen nur bedingt Erfolg, da sich die Turbulenzen dadurch auf einen anderen Teil des Gartens verlagern. Es bedarf einer semi-durchlässigen Einrichtung.

In größeren Gärten kann ein sorgfältig abgestuftes Pflanzenschema aufgebaut werden. Eine gute Windschutzhecke sieht aus wie ein Kamm, bei dem ungefähr jeder dritte Zinken länger ist. Die besten Resultate liefern freiwachsende Hecken aus Sträuchern mit einem lockeren Baumbestand in der Reihe. Wichtig ist die Heckenstruktur am Boden.
Regelmäßige Heckenpflege verhindert, dass sich Lücken bilden, die regelrechte Düseneffekte erzeugen und die Windgeschwindigkeit in Bodennähe sogar erhöhen können. Neu gepflanzte Bäume und Sträucher müssen gut im Erdreich verankert werden, da ihnen sonst der Wind durch das ständige Rupfen an Stamm, Ästen und Blättern die feinen Haarwurzeln, die ihr Überleben sichern, abreißt.

Windkamm ▶

Für größere Gärten eignet sich ein mehrstufiger und mehrgliedriger Windkamm. Dabei werden Windschutzpflanzungen und Hecken aus Sträuchern in regelmäßigen Abstand von hohen Gehölzen unterbrochen. Der entstehende Kammeffekt bremst den Wind. Geeignet sind alle aufstrebenden Gehölze. Achten Sie darauf, was in die Landschaft passt. Bereits vorhandene Bäume sind von unschätzbarem Wert und sollten in jedem Fall in das Windbrecherkonzept aufgenommen werden. Die zweite Reihe bilden versetzt große Sträucher. Dazu eignen sich z. B. Kreuzdorn, Thuije, Hainbuche, Hartriegel, Kornelkirsche, Haselnuss, Holunder, Liguster, Erbsenstrauch und Wolliger Schneeball. Sie tolerieren teilweise auch starken Wind und bilden außerdem eine wichtige Zufluchtstätte für Wildtiere. Hohe Gräser, die sich entweder mit ihrer Leichtigkeit im Wind wiegen und denen er daher nichts anhaben kann, oder solche, die ihn durch ihre steifen Horste bremsen, wie zum Beispiel das Reitgras (*Calamagrostis*), sind attraktiv und eignen sich gut als Lückenfüller.

Windkamm

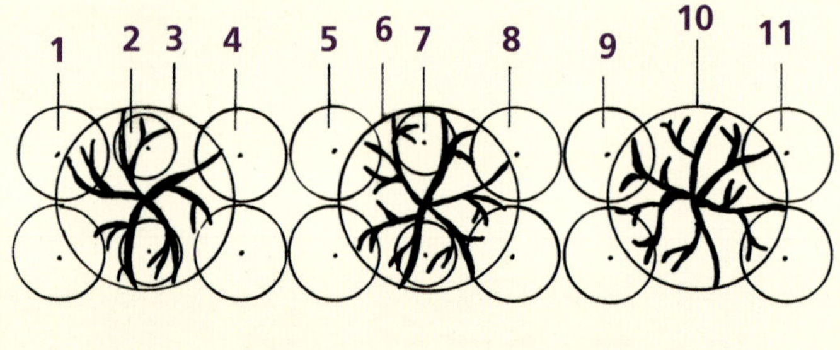

1 Kornelkirsche (*Cornus mas*), **2** Kirschlorbeer (*Prunus laurocerasus*), **3** Weißdorn (*Crataegus monogyna*), **4** Flieder (*Syringa vulgaris*), **5** Hartriegel (*Cornus sanguinea*), **6** Feldahorn (*Acer campestre*), **7** Liguster (*Ligustrum vulgare*), **8** Haselnuss (*Corylus avellana*), **9** Erbsenstrauch (*Caragana arbeorescens*), **10** Hainbuche (*Carpinus betulus*), **11** Wolliger Schneeball (*Viburnum lantana*)

Rank und schlank

In kleinen Gärten kann nicht mit einer großzügigen Windschutzhecke gearbeitet werden. Allerdings ist die vom Wind betroffene Fläche auch nicht so groß. In solchen Fällen sind ein durchlässiger Zaun oder eine schmale Hecke, beispielsweise aus Reifweide, eine gute Alternative. Sie nehmen dem Wind viel an Energie und lassen nur ein akzeptables Maß an Luftbewegung durch. Ebenfalls gute Dienste leisten Sichtschutzelemente aus diversen Materialien. Bei der Auswahl ist auf die erforderliche Widerstandsfähigkeit zu achten. Diese ergibt sich aus der normalerweise vorherrschenden Windstärke. Im Handel ist eine große Auswahl an Sichtschutzelementen erhältlich. Wenn Sie handwerklich etwas geschickt sind, können Sie aber auch selbst mit Holz, Weiden oder Bambus kreativ werden. Ein fest im Boden verankertes Holzgerüst gibt diesen Weiden- oder Bambusmatten die erforderliche Standfestigkeit.

Eine Alternative zu den herkömmlichen, mit Pflanzen berankten Gittern ist die Bespannung des Rahmens mit widerstandsfähigem Stoffmaterial, wie es beispielsweise für Balkonbespannungen oder Sonnensegel verwendet wird. Solche Lösungen passen besonders gut in moderne, zeitgenössische Gräsergärten.

Windiger Sitzplatz

Der Sitzplatz eines Gartens wird normalerweise nach der Sonne ausgerichtet und befindet sich auch in einer windberuhigten Zone, zum Beispiel im Windschatten des Hauses. Bei aller Sorgfalt kann es aber auch dort passieren, dass an Gebäude- oder Begrenzungsmauern unkontrollierbare Verwirbelungen entstehen, die den Aufenthalt ungemütlich machen. Die folgenden Beispiele zeigen, wie effizienter Windschutz mit wenig Aufwand erreicht werden kann.

Spiegelglatt der Teich – Bambus schützt vor Wind.

Ablenkungsmanöver ▼

Im Anschluss an das Haus wird entlang der Terrasse eine L-förmige Hecke gepflanzt, die den Sitzplatz teilweise umschließt. Durch die L-Form wird der Wind gebremst und abgelenkt. Vermeiden Sie die Pflanzung eines Heckenstreifens, da dieser das Problem nur um wenige Zentimeter verlagert. Um effektiv zu sein, muss die Hecke zumindest etwas höher sein als eine sitzende Person. Bei sehr starkem Windaufkommen bringen Gehölzpflanzungen vor der Hecke zusätzliche Windberuhigung.

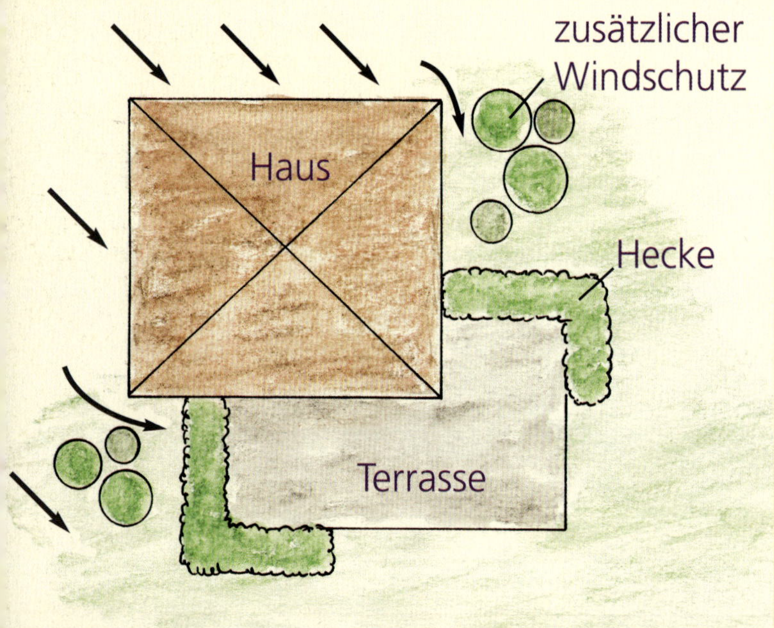

Ablenkungsmanöver

Als Heckenpflanzen können immergrüne, laubabwerfende und auch blühende Gehölze verwendet werden. Entscheidend ist neben dem zur Verfügung stehenden Platzangebot der von Ihnen akzeptierte Pflegeaufwand. Eine blühende Wildhecke braucht mindestens doppelt so viel Platz wie eine geschnittene Formhecke, diese wiederum hat einen wesentlich höheren Pflegebedarf.

Wird die Terrasse auch an schönen Wintertagen genützt, eignet sich Buchs (*Buxus sempervirens*), Hainbuche (*Carpinus betulus*) oder Rotbuche (*Fagus sylvatica*). Alle drei schützen vor kalten Winterwinden. Buchs ist immergrün, bei den beiden Letzteren verfärbt sich das Laub im Herbst braun und bleibt bis zum Neuaustrieb im Frühjahr an der Hecke. Damit der Anblick der Hecke im Sommer nicht fad wird, können Sie mit Einjährigen und Kübelpflanzen Abhilfe schaffen. Die grüne Wand bietet einen idealen Hintergrund für blühenden Sommerflor.

Auf die Schnelle ausgebremst!

Wenn neben Windschutz auch ein sofortiger Sicht- oder Lärmschutz erforderlich ist, mag es sinnvoll sein, einen Sitzplatz teilweise mit einer Mauer zu umgeben. Beachten Sie dabei aber, dass sich hinter frei stehenden Wänden Luftverwirbelungen aufbauen und es daher erforderlich ist, den Wind an den Mauerkanten mittels Pflanzen abzufangen. Auch eine zweite Schutzwand (eventuell ein Rankgitter aus Holz) kann helfen, den Windschutz zu optimieren. Wichtig ist der Windschutz über dem Sitzplatz in Form einer Pergola oder einer Markise. Dadurch wird die an der Mauer hochgewirbelte und dahinter wieder abfallende Luft gebremst. So entsteht eine geschützte, gemütliche Ecke. Eine Pergola hat den Vorteil, dass Sie ihr ein schönes Blätterdach geben können. Bei den angebotenen Kletterpflanzen und der Fülle an Sorten finden Sie für jede Pergolagröße die richtige.

Startvorteil für kleine Pflanzen

Verwenden Sie kleinere Pflanzen, da diese weniger Angriffsfläche bilden und sich gut im Erdreich verankern können, bevor sie größer und vom Wind stärker durchgeschüttelt werden.

Eine Pergola muss stabil konstruiert sein.

Pflanzen für die Pergola

Deutscher Name	Lateinischer Name	Eigenschaften/Verwendung
Akebie	*Akebia quintata*	stark verzweigend, größere Flächen
Bergwaldrebe	*Clematis montana rubens*	stark wüchsig, größere Flächen
Blauregen	*Wisteria sinensis*	stark verzweigend, größere Flächen
Geißblatt	*Lonicera caprifolium*	kleinere Flächen
Goldwaldrebe	*Clematis tibetana* ssp. *tangutica*	kleinere Flächen
Kletterhortensie	*Hydrangea anomala* ssp. *petiolaris*	langsam wachsend, kleine Flächen
Kletterrose	z. B. *Rosa* 'New Dawn'	mittelstarker Wuchs
Pfeifenwinde	*Aristolochia macrophylla*	stark verzweigend, größere Flächen
Wein	*Vitis vinifera*	stark verzweigend, größere Flächen
Zierhopfen	*Humulus lupulus*	mehrjährig, kleinere Flächen
Zierkürbis	*Cucurbita pepo*	rasch wachsend, einjährig

Daher weht der Wind

Zugige Durchgänge entstehen typischerweise zwischen Gebäuden oder Mauern. Durch den Windkanaleffekt ist der Aufenthalt an solchen Stellen unangenehm bis unmöglich. Es ist schade, wenn dieser Teil des Grundstücks nicht oder nur unter Einschränkungen genutzt werden kann.

Keine windigen Lösungen ▶

Keine windigen Lösungen

Überlappende, L- oder U-förmige Hecken stellen einen effektiven Windschutz für zugige Durchgänge dar. Sofern ausreichend Platz vorhanden ist, werden sie schon vor dem Windkanal gepflanzt. Reicht der Platz dafür nicht, können auch im Windkanal zwei Hecken mit versetzten Durchgängen gepflanzt werden. Grundsätzlich eignen sich dafür alle Heckenpflanzen. Aus praktischen Überlegungen sollten aber immergrüne Pflanzen bevorzugt werden, da diese auch im Winter ihren Dienst tun. Wichtig ist, dass die Hecke kompakt bleibt, da sie so dem Wind besser standhält und auch durch Regen oder Schnee nicht so leicht Schaden nimmt. Blütenhecken haben den Nachteil, dass sie sich nach Regen oder unter der Last der Blüten neigen. Dies mag, speziell bei einem häufiger benützten Durchgang, ein unerwünschter Effekt sein.

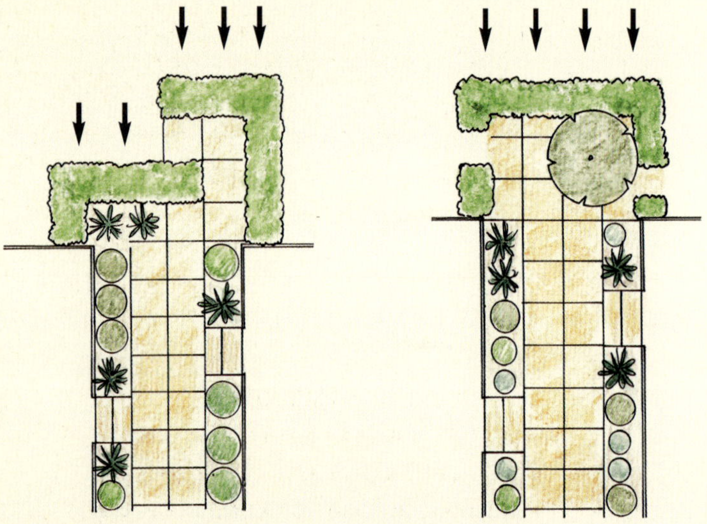

L-förmige Hecke (links), U-förmige Hecke (rechts)

Grüner Paravent

Eine weitere Variante für zugige Durchgänge funktioniert nach demselben Prinzip, aber mit anderen Materialien und eignet sich für Stellen, wo wenig Platz und kaum Erdreich vorhanden sind und daher die Heckenlösung nicht in Frage kommt. Es bedarf einer schlanken Alternative, entweder in Form eines Heckenzauns oder eines berankten Sichtschutzes, beides muss gut im Boden fixiert werden.

Heckenzäune sind bereits fertig begrünt im Handel erhältlich. Sie werden entweder in Pflanzcontainern aufgestellt oder im Erdreich verankert. Bei der zweiten Variante, werden die Wurzelballen in einem dafür ausgehobenen Pflanzgraben gesetzt und der Rahmen der Konstruktion mit Erdspießen im Boden befestigt.

Eine preisgünstige Variante ist ein einfacher Drahtzaun, der mit Efeu und Wildem Wein berankt wird. Der Wilde Wein verfärbt sich im Herbst attraktiv, bevor seine Blätter abfallen, der immergrüne Efeu bleibt das ganze Jahr über hängen. Wenn Sie verschiedene Efeuarten, darunter auch panaschierte, pflanzen, sieht der Heckenzaun gleich lebendiger aus.

So ein Krach!

Gärten an stark befahrenen Straßen büßen viel an Ambiente ein. Ständiger Lärm beeinträchtigt den Aufenthalt im Freien. An gemütliches Sitzen auf der Terrasse ist ohne adäquate Schutzeinrichtung nicht zu denken. Bevor Sie etwas dagegen unternehmen, sollten Sie feststellen, wo und wann der Lärm am stärksten ist, und abwägen, ob Sie sich zu dieser Zeit überhaupt im Garten aufhalten. Als Schutzvorrichtung kommen Lärmschutzwände ebenso in Frage wie eine dichte Pflanzendecke. Pflanzen haben erstaunliche Filterkapazitäten, was Geräusche betrifft. Um eine dauerhafte Lösung zu erreichen, muss die lebende Lärmschutzwand immergrüne Gehölze und Sträucher enthalten. Diese garantieren, dass der Lärm auch im Frühling, Herbst und Winter abgefangen wird, denn auch wenn man sich zu dieser Zeit nicht überwiegend im Garten aufhält, werden doch gartenseitig gelegene Fenster und Türen geöffnet.

Salz im Winter

Gärten an stark befahrenen Straßen sind nicht nur lärmgeplagt, im Winter werden sie auch durch salzhaltiges Spritzwasser stark belastet. Zäune und Hecken bieten nicht unbedingt ausreichend Schutz, ein aufgeschütteter Wall zur Straße hin schon eher. Er wird am besten mit salztoleranten Pflanzen bestückt: z. B. Erbsenstrauch (*Caragana arborescens*), Feld-Ahorn (*Acer campestre*), Feld-Ulme (*Ulmus minor*), Kartoffel-Rose (*Rosa rugosa*), Kreuzdorn (*Rhamnus cathartica*), Zwerglatschen (*Pinus mugo*), Kupfer-Felsenbirne (*Amelanchier lamarckii*), Sanddorn (*Hippophae rhamnoides*) und Schwarz-Kiefer (*Pinus nigra*). Salzbelasteten Schnee sollten Sie nie auf Pflanzflächen lagern.

Gegen Lärm helfen Mauern. Blauregen verschönt hier den Anblick.

Ruhe bitte!

Blenden Sie, sofern möglich, den Blick auf Geräuschverursacher durch Mauern, Wände oder Pflanzen aus. Erstens wird dadurch ein Teil der Geräusche tatsächlich abgeblockt und zweitens haben Untersuchungen ergeben, dass Lärmquellen, die nicht gesehen werden können, deutlich weniger stark wahr genommen werden als sichtbare.

Grüner Paravent – Wind-, Sichtschutz und Kletterhilfe in einem.

Da Pflanzen, vor allem Bäume und hohe Sträucher, Jahre zum Wachsen brauchen, empfiehlt es sich als Sofortlösung, Lärmschutzwände aufzustellen, z. B. in Form einer Mauer oder mittels vorgefertigter Schutzwand aus Holz.

Schnellwüchsige Kletterer wie die Weiße Bergwaldrebe (*Clematis montana wilsonii*), Gewöhnliche Waldreben (*Clematis vitalba*, *Clematis vitalba* 'Kermesina'), Ramblerrosen (z. B. *Rosa* 'Elegance'), Schlingendes Geißblatt (*Lonicera japonica chinensis*), Blauregen (*Wisteria floribunda*) und Weinreben (*Vitis coignetiae*) decken nicht bloß zu, sondern machen aus jeder Lärmschutzwand oder Mauer ein Schmuckstück.

Efeu (*Hedera helix*) wächst zwar nicht besonders schnell, ist aber langlebig und immergrün und kann in Kombination mit blühenden Kletterern sehr reizvoll aussehen. Achtung: Schlingknöterich (*Fallopia auberti*) sollten Sie nur mit Bedacht einsetzen, da seine starke Wüchsigkeit später ein Problem darstellen kann.

Das hör' ich gern! ▼

Erzeugen Sie Ihre eigene Geräuschkulisse und lassen Sie damit den unerwünschten Lärm in den Hintergrund treten. Eine mit Kletter- oder Rankpflanzen begrünte Mauer, an der Wasser aus einem Wandbrunnen in ein Bassin plätschert, gibt bei diesem Gestaltungsvorschlag den Ton an und mildert die störende Wirkung von Straßenlärm. Der Klang ist je nach gewähltem Wasserelement (Brunnen, Fontäne, Blubberstein) unterschiedlich und kann durch Variieren der Pumpenleistung oder des Auslasswinkels verändert werden. Zusätzlich wird der Sitzplatz mit hohen Gräsern wie zum Beispiel Chinaschilf (*Miscanthus sinensis*) oder Bambus umgeben, die im Wind leise rascheln und außerdem Sicht- und Windschutz geben. Auch Klang- oder Windspiele können mit ihren Tönen von störenden Hintergrundgeräuschen ablenken.

Das hör ich gern!

Das Wichtigste zusammengefasst

• **Schatten:** Vermeiden Sie alles, was den Schattenbereich zusätzlich verdunkelt – düstere Möbel, sehr dunkle Pflanzen oder finstere Farben. Helle Möbel und Gartenaccessoires bringen Licht in schattige Ecken und lassen sie selbst an trüben Tagen einladend erscheinen.

• **Bodenqualität verbessern:** Obwohl viele Schattenpflanzen recht genügsam sind, lohnt es sich, die Bodenqualität zu verbessern, da der Vorteil eines guten Bodens so manchen Nachteil wettmacht. Arbeiten Sie reichlich organisches Material (z. B. unreifer Kompost, gut verrotteter Mist) in den Boden ein. Das verbessert die Bodenstruktur und hilft, das wenige vorhandene Wasser besser zu speichern.

• **Hot Spots:** Pflanzen Sie an solchen Stellen nur trockenheitsresistente Sträucher und Blütenstauden. Das erspart Ihnen eine Menge Arbeit und Gießwasser. Der Blick auf ein trockenes, farbenfrohes Kiesbeet anstatt auf einen im Hochsommer braunen Rasen wird Sie überzeugen. Zudem sieht eine für heiße und trockene Stellen typische, mit Gräsern durchzogene Pflanzenkombination auch im Herbst und sogar im Winter noch gut aus. Vergilbte Blütenähren, vertrocknete Blüten- und Fruchtstände sind, von Tau oder Frost überzogen, eine Augenweide und bieten Vögel lange Nahrung.

• **Wind:** Großblumige Pflanzen sind windempfindlich, ihre großen Blüten halten stärkeren Brisen nur schwer stand. Greifen Sie deshalb zu robusten, kleinblütigen Pflanzen, die flächig wachsen. Als aufrechte, blühende Blickfänge eignen sich Afrika-Lilien (*Agapanthus*), Flockenblumen (*Centaurea*), Schafgarbe (*Achillea filipendula*), Edeldisteln (*Eryngium*), Feinstrahlastern (*Erigeron* 'Rosa Juwel'), Raketenblumen (*Kniphofia*) und Nachtkerzen (*Oenothera fruticosa* 'Hohes Licht').

• **Lärm:** Lärmschutzwände mildern, speziell wenn sie begrünt sind, viele Geräusche. Wenn Sie sie mit immergrünen Kletterpflanzen verkleiden, können Sie diesen Effekt zu allen Jahreszeiten nutzen. Eine altbewährte Methode, Lärm zu bekämpfen, ist eigene Geräusche zu erzeugen. Dies kann im Garten durch tröpfelndes oder fließendes Wasser sowie durch raschelnde Pflanzen wie Gräser und Bambus geschehen.

Die schönsten Pflanzen

Auf den folgenden Seiten finden Sie eine kleine Auswahl an Pflanzen, die jeweils mit einer der beschriebenen Gartensituationen gut zurechtkommen. Sie lieben entweder trockenen oder feuchten Schatten, freuen sich über einen heißen Platz an der Sonne oder büßen auch an windigen Stellen nichts von ihrer Schönheit ein. Welche Pflanze wo am besten gedeiht, erfahren Sie in den einzelnen Porträts.

Der Fingerhut liebt trockenen, warmen Halbschatten.

Buchs
(Buxus sempervirens)

Der immergrüne Allrounder. Schnittverträglichkeit, Schattentoleranz und Trockenheitsresistenz sind nur einige seiner Eigenschaften. Durch Züchtungen gibt es heute für jede Gartensituation den passenden Buchs.
Buxus sempervirens 'Blauer Heinz' ist ein dichtverzweigter Zwergbuchs mit blaugrünen Blättern. Er wächst langsam und kugelig. Seine Trockenheitsresistenz machen ihn zum Star für trockene schattige Standorte.
Blüte: unauffällig
Höhe: bis 75 cm

Erbsenstrauch
(Caragana arborescens)

Wüchsiger, schlanker Strauch mit hellgrünen kleinen Fliederblättchen und gelben Blüten. Der tiefwurzelnde Erbsenstrauch duldet Trockenheit und stellt wenig Ansprüche an Boden und Klima. Aufgrund seiner extremen Windtoleranz ist er ein beliebter Bestandteil von Windschutzhecken. Er eignet sich aber auch zur Verwendung in Blütenhecken und zur Gruppenpflanzung, wo er als Teil von Sichtschutzmaßnahmen seinen Platz einnimmt.
Blütezeit: Mai
Höhe: 2–4 m

Japanischer Schlitzahorn
(Acer palmatum 'Dissectum')

Beliebt und vielfach bewährt. Japanische Schlitzahorne finden vielseitig Verwendung. Sie eignen sich sowohl für Einzelstellungen als auch für Gruppenpflanzungen. Von den unzähligen Sorten wird dieser für seine frischgrünen, filigranen Blätter und die fulminante, von Orange in Gelb übergehende, Herbstfärbung geschätzt. Durch Aufbinden der jungen unverholzten Triebe kann eine malerische, höher gewachsene Pflanze gezogen werden.
Blüte: unauffällig
Höhe bei Aufbinden: 1,5–2 m

Mahonie
(Mahonia aquifolium 'Apollo')

Immergrüner, dichtbuschiger Strauch mit ledrigen, mattglänzenden Blättern, der aufgrund seiner Pflegeleichtigkeit geschätzt wird. Auf die dekorativen, leuchtend gelben und duftenden Blütenbüschel im April und Mai folgen auffallende, blauweiß bereifte Beeren, die auch im Winter hängen bleiben. Der niedrig bleibende Strauch stellt relativ wenig Ansprüche an den Boden und bevorzugt einen trockenen und schattigen Standort.
Blütezeit: April/Mai
Höhe: 1,5 m

Zierhopfen
(Humulus lupulus)

Zierhopfen ist ein grüngelber, rascher Kletterer mit pelzigen Trieben, dessen dekoratives Laub sich im Herbst, bevor es abstirbt, goldgelb verfärbt. Die Pflanze überwintert unterirdisch, treibt im Frühjahr neu durch und verkleidet in relativ kurzer Zeit Rankgerüste, Pergolen, Mauern und Ähnliches. Da Zierhopfen selbst unauffällige Blüten hat, sieht er in Verbindung mit einer blühenden Kletterpflanze, z. B. einer Waldrebe (*Clematis*) schön aus.
Blütezeit: Juni
Höhe: 6 m

Fetthenne *(Sedum telephium* 'Herbstfreude')

Diese langlebige Staude mit fleischigen Blättern und bräunlich-roten Blüten kommt mit trockenen Standorten gut zurecht und sieht, vor allem flächig gepflanzt, bereits im Jungstadium, d. h. vor dem Erscheinen der Blüten sehr attraktiv aus. Auch im verblühten Zustand leisten die Blütenstände noch gute Dienste im spätherbstlichen und winterlichen Staudenbeet. Besonders kontrastreich sind Kombinationen mit verschiedenen Gräsern.
Blütezeit: Sept./Okt.
Höhe: 40 cm

Fingerhut
(Digitalis grandiflora)

Die Urformen dieser prächtigen Wildstaude sieht man in freier Natur an Waldrändern, wo sie im trockenen Halbschatten besonders gut gedeihen und sich großzügig selbst aussäen. Diese wünschenswerten Vorlieben und Eigenschaften wurden in Zuchtformen weiter veredelt. Fingerhut ist in Rot, Rosa, Gelb und Weiß erhältlich. *Digitalis grandiflora* bringt mit seinen intensiven roten und rosa Farbtönen jeden Schattenplatz zum Leuchten.
Blütezeit: Juni/Juli
Höhe: 1,3 m

Funkie
(z. B. *Hosta* 'Patriot')

Funkien sind die Schattenpflanzen schlechthin. Von gelblich über blaugrün bis blaugrau reicht die Palette der Farben, die diese dekorativen Blütenstauden abdecken. Die Blüten überragen die Blattrosetten, sind aber Nebensache, Funkien werden ihrer schmückenden Blätter wegen gepflanzt. Die gelb oder weiß panaschierten Sorten hellen dunkle, schattige Ecken auf. Funkien sind langlebig und werden mit den Jahren noch schöner.
Blütezeit: Juli/August
Höhe: 35/60 cm (Blattschopf/Blüte)

Haselwurz
(Asarum europaeum)

Wintergrüner Bodendecker für schattige und halbschattige Standorte. Die braune Blüte der Haselwurz ist unauffällig, und duftet leicht nach Pfeffer. Attraktiv sind die nierenförmigen, glänzend grünen Blätter, die gut in den von Struktur und Textur geprägten Schattengarten passen. Sie sind ein recht willkommener Kontrast zu fedrigen Farnwedeln oder großblättrigen Funkien. In Kombination mit Wasser beleben sie schattige Ecken.
Blütezeit: Juni
Höhe: 10 cm

Kleines Immergrün
(Vinca minor)

Ein Bodendecker für alle fast Fälle. Das kleine Immergrün duldet alles außer voller Sonne. Die beliebte, pflegeleichte Pflanze steht gerne im Schatten anderer. Seine Schattentoleranz macht es zum Star für Unterpflanzungen. Die kleinen Blätter bilden einen schönen Kontrast zu auffallenden Blattstauden und einen ungewöhnlichen Hintergrund für Frühlingszwiebelblumen, die im Herbst unter dem Immergrün in die Erde gesteckt werden.
Blütezeit: April/Mai
Höhe: 10 cm

Schaublatt
(Astilboides tabularis)

Eine wunderschöne, langlebige Blattschmuckstaude für schattige Standorte. Ihre weißen, filigranen Blüten stehen wie Wölkchen hoch über den tellerförmigen Blättern, die lange vor und nach der Blütezeit durch ihre interessante Form Aufsehen erregen. Das Schaublatt ist ein Aufheller für schattige und halbschattige Standorte, der, wenn er einmal etabliert ist, jahrzehntelang Freude bereitet und wenig Pflegeaufwand erfordert.
Blütezeit: Juni/Juli
Höhe :70/120 cm (Blattschopf/Blüte)

Trichterfarn
(Matteuccia struthiopteris)

Farne sind bekannte Waldpflanzen und verlangen als solche einen windgeschützten Standort sowie tiefgelockerten Boden. Sie brauchen Boden- und Luftfeuchte und fühlen sich in schattigen Gartenecken, unter Bäumen oder in Mauernähe besonders wohl. Die hellgrünen, gefiederten Wedel des Trichterfarns beleben mit ihrer Eleganz Schattenplätze und bilden einen auffallenden Kontrast zu den grobstrukturierten Blättern von Funkien.
Blüte: unauffällig
Höhe: 70 cm

In manchen Fällen geht es nicht ohne größere Umbauarbeiten und Erdbewegungen, aber der Einsatz lohnt sich. Wie man dann aus der Baustelle rasch ein grünes Paradies zaubert, zeigen Ihnen die nachstehenden Vorschläge.

Größere Veränderungen

Nicht in jedem Fall ist es mit ein paar Tipps und Handgriffen getan. Zu tiefgreifend, manchmal im wahrsten Sinn des Wortes, sind die erforderlichen Umgestaltungsmaßnahmen. Es geht darum, die Oberflächengestalt zu verändern, um zum Beispiel einem Hang kreativ die Steilheit zu nehmen oder mehr Dynamik in eine langweilige Ebene zu bringen.
Bei diesen massiven Eingriffen gilt es vor allem zwei Dinge zu beachten: eine gründliche Planung vorher und eine möglichst rasche Verwandlung der öden Baustelle in eine blühende Gartenlandschaft danach.

Vom Bauplatz zum Garten

Das Haus ist fertig, der Umzug bewältigt und der Garten nackt und öde, so, wie ihn die Bauarbeiter verlassen haben, oder bestenfalls mit einer Rasendecke und einem Apfelbaum ausgestattet. Meist ist der Boden verdichtet und die Humusschicht dünn bis nicht vorhanden.
Die Bodenqualität ist jedoch eine der wichtigsten, wenn nicht überhaupt die wichtigste Grundlage für einen prächtigen Garten. Der durch den Bau verdichtete Boden muss tiefgründig gelockert werden, speziell dort wo Sträucher und Bäume wachsen sollen. Zusätzlich sollten Sie extra Humus aufbringen, da meist nur eine dünne Mutterbodenschicht (= fruchtbarste obere Bodenschicht) vorhanden ist.
Nach der Bodenvorbereitung geht es an die Umsetzung der Planvorstellungen. Sollten Sie diese noch nicht detailliert haben, wird es höchste Zeit, ein Konzept zur Nutzung und Gestaltung Ihres Fleckchens Erde zu erstellen! Wenn Sie schon sicher sind, was Sie wollen, dann bleibt noch die Frage, wie Sie Ihr Ziel erreichen können, und was Sie bei der Pflanzenauswahl und beim Pflanzenkauf beachten sollen. Unmittelbarer Erfolg kommt vom Einsatz reiferer Pflanzen. Sie bringen das nötige Volumen mit, sind jedoch teurer. Jungpflanzen haben den Vorteil, dass sie sich rascher eingewöhnen und den Vorsprung auf größere Pflanzen in wenigen Jahren aufholen.
Wägen Sie unter diesen Gesichtspunkten also gut ab, welche Pflanzen Sie wo einsetzen. Bäume pflanzt man für Jahrzehnte. Sie sollten sich also vorher über deren endgültige Größe informieren, damit Sie keine Überraschungen erleben, denn was als lebendiges Christbäumchen im Topf beginnt, endet als mächtige Tanne oder Fichte, die in einigen Jahrzehnten den ganzen Garten in Schatten stellen kann. Solche Bäume gehören in den Wald, für Gärten eignen sich klein bleibende Zuchtformen, Hochstämme oder Obstgehölze.

Schnellwachsender Erfolg ▶

In diesem Gestaltungsbeispiel wird die Terrasse mit einer Holzpergola überdacht, an der eine schnellwachsende Kletterpflanze wie Hopfen (*Humulus lupulus* 'Aureus'), Wein (*Vitis*) oder Jasmintrompete (*Campsis*

Einjährige Kletterer sind Weltmeister im neuen Garten.

Schnellwachsender Erfolg

grandiflora) gepflanzt wird. Das Blätterdach gibt angenehmeren Schatten als eine Markise, da es auch Luftbewegungen und Luftaustausch zulässt.
Um dem ebenen Garten von Anfang an die nötigen vertikalen Strukturen zu geben, wird eine versetzte Rankgerüstkonstruktion aufgestellt. Dieses Kletterrosengerüst dient zugleich als zentraler Blickfang und kann in den ersten Jahren mit einjährigen Kletterern wie Prunkwinde (*Ipomoea tricolor*), Glockenrebe (*Cobaea scandens*), Feuerbohnen (*Phaseolus coccineus*), Flaschenkürbis (*Lagenaria siceraria*) oder Schwarzäugiger Susanne (*Thunbergia alata*) berankt werden. Sie erfreuen nur einen Sommer lang mit ihrer Pracht und werden im Herbst einfach abgeschnitten. Da sie keine holzigen Teile haben, sind sie nicht schwer und lassen sich an verschiedenen Behelfen hochziehen. Aus Bambusstöcken, Spalieren, Mauern, Gitter oder Maschendraht lassen sich mit etwas Fantasie ungewöhnliche Blickfänge erzeugen.

In einem Jahr am Ziel
In den ersten Jahren, bis mehrjährige Pflanzen gut eingewachsen sind, leisten rasche Kletterer unschätzbare Dienste. Sie mildern auch den kahlen und harten Eindruck von blickdichten Zaunelementen.

Der Weg zum Gartenhäuschen oder alternativ zu einem Sitzplatz macht eine leichte Kurve und verschwindet hinter einer Gehölz- und Staudengruppe aus Hartriegel (*Cornus alba* 'Sibirica'), Fünffingerstrauch (*Potentilla*) und Johanniskraut (*Hypericum*). Dadurch ist nicht der ganze Garten sofort einsehbar, ein Umstand, der ihn ebenfalls reifer aussehen lässt. In der gegenüberliegenden Ecke gibt eine Birke Struktur. In ihrem gebrochenen Schatten fühlen sich Lavendel (*Lavandula*), Taglilien (*Hemerocallis*) und Fingerhut (*Digitalis*) wohl.

Nicht erst seit gestern hier ▼

Eine kostspieligere Variante ist der Einsatz von alten, verwitterten Materialien und größeren Pflanzen. Schon wenige ausgewählte Stücke wie alte (auch alt wirkende) Steinskulpturen, recycelte Holzbalken, verwitterte Töpfe, ein Pflaster oder Mauern aus gebrauchten Klinkern oder Ziegeln lassen einen jungen Garten etabliert und um Jahre älter aussehen. Steinmauern oder Steinskulpturen kann man relativ rasch und einfach zu einem verwitterten Aussehen verhelfen, indem man sie mit Joghurt bestreicht. Dieses regt das natürliche Algen- und Mooswachstum an und beschleunigt es.
Große Pflanzen sind in der Anschaffung zwar teurer und haben gegenüber Jungpflanzen den Nachteil, dass sie nicht so schnell anwachsen, aber sie geben dem Garten unmittelbar Struktur, Reife und Sichtschutz, auf den Sie sonst lange warten müssten.
Beachten Sie beim Kauf großer Pflanzen jedoch, dass nicht alles kaufenswert ist. Es zahlen sich nur schöne Exemplare langsam wachsender Pflanzen aus, alles andere hat den Vorsprung meist in drei bis fünf Jahren eingebüßt.
Machen Sie nicht den Fehler, zu viel zu pflanzen, sonst müssen Sie bereits nach einigen Jahren auslichten, da sich die Pflanzen gegenseitig zu behindern beginnen. Um dennoch einen vollen Garten genießen zu kön-

Nicht erst seit gestern hier

nen, behelfen Sie sich auch hier wieder in der ersten Zeit mit schnellwüchsigen Einjährigen. Damit sieht im Gestaltungsbeispiel die Mauer, die den Sitzplatz zur Hälfte umschließt, schon nach kurzer Zeit aus als wäre sie schon immer da gewesen.

Schnellwachsender Efeu, Kapuzinerkresse oder andere Kletterer suchen gerne Halt zwischen Mauerritzen. In Sitzplatznähe gibt hoher Bambus (z. B. *Phyllostachys aurea*) rasch Sichtschutz. Ein stilvoller, durch eine halbhohe Hecke etwas abgeschirmter Gemüse- oder Beerengarten, in dem gebrauchte Pflastersteine z. B. vom Bauhof verlegt wurden, lässt den Garten ebenfalls etablierter aussehen. Verwenden Sie, wenn möglich, für die Pflasterung dieselben Materialien wie für den Sitzplatz.

Gärten in Hanglage – schiefe Optik

Das große Plus eines Gartens in Hanglage ist zumeist eine schöne Aussicht. Entweder von der Terrasse am Haus oder von einer anderen Stelle am Grundstück kann der Blick über die umgebende Landschaft oder einen Teil des Gartens schweifen. Leider kann dieser Vorteil oft nicht sofort und ohne weiteres genutzt, sondern muss dem Hanggrundstück erst abgerungen werden. Von der Lage des Aussichtspunktes hängt ab, wie und wodurch man das Beste aus einem Hanggrundstück holt. Wenn das Haus am Fuß des Hanges liegt, ist das Grundstück mit einem Blick erfassbar. Daher sollten Sie den Hang gliedern und auf harmonische Farbkombinationen achten.

Vermeiden Sie hohe Bäume oder Sträucher am oberen Ende, sie würden aus dieser Perspektive noch prominenter aussehen und massiver wirken. Wenn Sie terrassieren, drängen Sie den Hang so weit wie möglich zurück, um die Terrassen- oder Rasenfläche einigermaßen großzügig anlegen zu können. Durch eine Hangabkürzung kann eine größere Ebene geschaffen werden. Dafür wird der Hang zum Teil abgetragen und durch eine stabile Mauer abgestützt. Liegt das Haus oberhalb des Hanges, geht der Blick größtenteils über das Grundstück hinweg in die Ferne, d. h., vieles im Garten ist vom Haus oder der Terrasse aus gar nicht sichtbar. Daher empfiehlt es sich, den Terrassenbereich am Haus mehr auszuformen und in Terrassennähe einige größere Gehölze zu pflanzen. Dadurch und durch eine attraktive Terrassenrandbepflanzung wird der Vordergrund betont und mit dem Fernblick verbunden. Möglicherweise kann an einer tiefer gelegenen Stelle noch ein zusätzlicher Sitzplatz angelegt werden.

Pflanzen für Hanglagen

Deutscher Name	Lateinischer Name	Eigenschaften
Berberitze	*Berberis vulgaris*	tiefwurzelnd
Bodendeckerrose	*Rosa* z. B. 'Temple Bells'	tiefwurzelnd
Edeldistel	*Eryngium planum*	tiefwurzelnd
Eibe	*Taxus baccata*	tiefwurzelnd
Fetthenne	*Sedum* 'Weihenstephaner Gold'	stabilisierend, hangfestigend
Fünffingerkraut	*Potentilla fruticosa* 'Goldteppich'	stabilisierend, hangfestigend
Johanniskraut	*Hypericum calycinum*	stabilisierend, hangfestigend
Kriechende Zwergmispel	*Cotoneaster dammeri*	stabilisierend, hangfestigend
Kugeldistel	*Echinops ritro*	tiefwurzelnd
Mädesüß	*Filipendula vulgaris*	tiefwurzelnd
Wacholder	*Juniperus communis*	tiefwurzelnd

Mauer und Stufen fügen sich harmonisch in den Hang ein.

Benötigen Sie für Ihre Gestaltungspläne mehrere ebene Flächen z. B. für Wasser, oder um Beete und einen Sitzplatz anzulegen, sollten Sie eine Terrassierung des Hanges ins Auge fassen. Beträgt der Höhenunterschied zwischen Hang und geebneter Fläche nicht mehr als 1 m, reicht eine Trockenmauer als Befestigung aus. Bei größeren Höhenunterschieden muss die Hangabstützung gemauert werden. Das dafür erforderliche Fundament muss ca. einen halben Meter tief sein und soll ein Dränagerohr zur Ableitung von überschüssigem Wasser enthalten. Außerdem muss die Mauer unten breiter sein als oben und sich zum Hang hin neigen. Zur Hangbefestigung können auch Palisaden aus Holz, Beton und Naturstein in Beton gesetzt werden.
Um zu allen Gartenteilen bequem Zutritt zu haben, sind ab einer etwa 7%igen Neigung des Hanges Treppen erforderlich. Aus Gründen der Sicherheit und Bequemlichkeit sollten diese jeweils nur ein paar Stufen haben. Eine längere Treppe unterteilt man am besten in mehrere kleine Abschnitte mit dazwischen liegenden Plateaus, so kann man bei einer Verschnaufpau-

se auch noch den Ausblick genießen. Einzelne Stufen sind leicht zu übersehen und sollten daher nach Möglichkeit weggelassen werden, um potenzielle Gefahrenquellen auszuschließen.
Dort, wo die Neigung nicht mehr als 45° beträgt, vermag eine dichte Pflanzendecke den Hang zu halten. Dabei werden die Pflanzen nicht unbedingt nach ihrem Ziercharakter gewählt, sondern aufgrund ihrer Eignung, den Hang pflegeleicht zu befestigen und ein Ausschwemmen des Erdreiches zu verhindern.

Arbeitsaufwand beachten

Bedenken Sie vor der Anlage des Gartens, dass nicht nur Sie den Höhenunterschied zu bewältigen haben, sondern auch Pflanzen, Arbeitsmittel, Abfall, Schnittgut und Ernte über Treppen bzw. Hangneigungen transportieren müssen. Wählen Sie deshalb für entferntere oder schwer zugängliche Stellen pflegeleichte Pflanzenkonzepte, die nur sporadisch Ihre Aufmerksamkeit verlangen.

Hang zu Wasser ▼

Die Verwendung von Wasser als Gestaltungselement mag Ihnen als Besitzer eines Hanggartens zu kompliziert, wenn nicht sogar unmöglich erscheinen. Gerade deshalb stellt das an dieser Stelle unerwartete Element eine reizvolle Alternative zu herkömmlichen Hanggestaltungen dar. Grundvoraussetzung ist ein partielles Terrassieren des Geländes.
Der Hang wird teils durch eine Trockenmauer und teils durch vertikal gesetzte Holzpalisaden abgestützt. Verwenden Sie druckimprägnierte Hölzer und achten Sie darauf, dass zwischen Holz und Wasser kein direkter Kontakt besteht. Die Palisaden werden in ein Kies-Mörtelbett gesetzt, denn Kies sichert den raschen Wasserablauf und Mörtel verleiht die nötige Stabilität. Am Fuße der Palisaden wird der Teich angelegt.
Feuchtigkeitsliebende Pflanzen und solche, die sich kaskadenartig über die Holzwand ausbreiten, harmonisieren das Bild und vervollständigen die Komposition. Obwohl Holz und Wasser häufig in Kombination gebraucht werden, ist diese ungewöhnliche Verwendung ein Blickfang im Hanggarten.

Hang zu Wasser

Vertikales Schachbrett ▶

Für die Umsetzung dieses Vorschlages sind handwerkliches Geschick und ein gutes Vorstellungsvermögen erforderlich. In den Hang werden verschieden hohe quadratische Stufen gearbeitet und mittels Steinen oder Platten befestigt. Die Trittfläche dieser Stufen wird abwechselnd bepflanzt bzw. mit Kies oder Stein bedeckt. Dabei können je nach Belieben, unterschiedliche Effekte erzielt werden, indem das vertikale Schach-

Vertikales Schachbrett

brett zweifärbig (z. B. Kies oder Stein in Kombination mit Moos) oder mehrfarbig gestaltet wird (durch Polsterstauden oder Gräserhorste und Stein oder Kies). Die besten Resultate erhalten Sie durch die Verwendung von einheitlichen Materialien und leicht unter Kontrolle zu haltenden Pflanzen, denn wenn Sie Wildwuchs erlauben, geht der klare, dreidimensionale Effekt des Bildes mit der Zeit verloren.

Ein Garten zum Gähnen

Eine ebene, monotone und ungegliederte Fläche ist wohl eine der langweiligsten Formen, die ein Garten bieten kann. Die Gartenfläche hält keinerlei interessante Abwechslung bereit, sondern liegt offen und spannungslos vor dem Betrachter. Es gibt nichts zu erkunden, nichts zu entdecken.
Der Vorteil dieses Gartens ist, dass Ihnen die ebene, monotone Fläche beinahe alles erlaubt, Ihrer Fantasie sind nur die Grundstücksgrenzen gesetzt. Um sich das Endergebnis besser vorstellen zu können, kann es hilfreich sein, ein Modell zu bauen. Auch ein leeres Blatt Papier auf Augenhöhe gesetzt, kann Ihnen ein Gefühl für die erforderlichen Strukturen geben. Stellen Sie sich vor, dieses Blatt ist Ihr Garten und konzentrieren Sie sich dabei auf den dreidimensionalen Effekt.

Vertikale Elemente wie etwa niedrige Mauern, Hecken, eine Pergola, eine Laube, Bäume oder außergewöhnliche Sträucher sind ein Muss, sie teilen den Raum und beleben Ihren Garten. Ein kleines Mäuerchen etwa kann als Raumteiler dienen, aber auch Dienste als Sitzgelegenheit leisten. Außerdem können Sie mit seiner Hilfe trockenheitsliebende und niedrigwachsende Pflanzen an einem etwas erhöhten Standort präsentieren. Durch Erdaushub oder Aufschütten von Erdmaterial lassen sich ebenfalls Höhenunterschiede kreieren. Wobei in beiden Fällen die Größe und vor allem die Höhe des Hauses eine wesentliche Rolle spielt, denn durch den erzeugten Höhenunterschied werden die Proportionen verschoben, was das Raumgefühl ganz wesentlich verändert. Stufen verbinden die einzelnen Gartenteile miteinander. Um die Sicherheit zu gewährleisten, sollten Sie die Stufen großzügig anlegen und nur rutschfestes Material verwenden. Verzichten Sie auf einzelne Stufen, da diese leicht übersehen und zur Stolperfalle werden können.

Taglilien neben dem Holzdeck verbinden zwei Gartenteile.

Mehr Spannung erhält Ihr Garten auch, wenn Sie nach der Regel des »Goldenen Schnitts« gestalten. Diese Regel findet man bereits in der Architektur der Antike. Sie beschreibt das bestmögliche Verhältnis, in welchem einzelne Elemente zueinander gesetzt werden können.
Das ideale Verhältnis beträgt demnach 8:5. Konkret heißt das, dass von einem Fixpunkt im Garten, z. B. einem auffallenden Baum, zwei Linien im rechten Winkel in der Länge der besagten Relation (8 m und 5 m bzw. ein Vielfaches oder ein Teil davon) gezogen werden. Verbindet man die Enden dieser beiden Linien miteinander, entsteht ein imaginäres Dreieck, an dessen Spitze Blickfang Nummer eins steht. An die beiden anderen Ecken setzt man ebenfalls auffällige bauliche oder pflanzliche Elemente. Dadurch, dass die drei Körper in harmonischem Bezug zueinander stehen, unterstreichen sie sich gegenseitig und lassen sich optimal mit anderen Elementen verbinden.

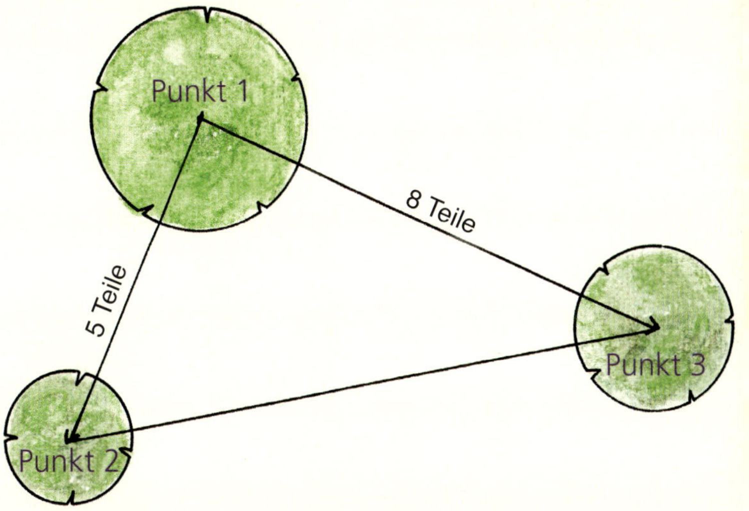

»Der goldene Schnitt«

Klare Strukturen im Winter

Das Gerüst, das heißt die Struktur eines Gartens, wird durch Bäume, Sträucher, Hecken, Mauern, Zäune, Pergolen etc. geschaffen. Sie sind es, die dem Garten Raumgefühl geben, die ihn teilen, kleinere Gartenräume schaffen und ihm durch ihren starken visuellen Eindruck Ruhe und Ordnung verleihen. Sie bilden das Rückgrat des Gartens und sorgen dafür, dass er in der kalten Jahreszeit nicht nackt aussieht. Ausgeprägte Formen schmücken den winterlichen Garten. Das klare Licht der Wintersonne sowie Frost oder Schnee verstärken die Strukturen von Pflanzen mit ausgeprägter Wuchsform und geschnittenen Immergrünen wie Buchs und Eiben. Diese bilden außerdem mit ihrem dunklem Grün den idealen Hintergrund für farbiges Geäst, interessante Texturen und sanfte Winterfarben.

Die Gestaltungsregel lässt sich im Garten nicht nur einmal anwenden, sondern beliebig fortsetzen, wobei allerdings darauf geachtet werden muss, dass die einzelnen Fixpunkte auch als solche zu erkennen bleiben und sich nicht gegenseitig im Weg stehen. Ein monotoner Garten lässt sich auch durch die Anzahl der Pflanzen in einer Kombination interessanter gestalten. Einzelne Pflanzen, sogenannte Solitärgehölze oder Solitärstauden, gehören an prominente Stelle. Sie genügen sich selbst und brauchen keine Pflanzengesellschaft. Gerade Zahlen erzeugen Formalität und Symmetrie, sie ordnen, teilen und unterstreichen. Zwei Pflanzen derselben Sorte wirken symmetrisch und eignen sich für Eingänge, Übergänge, Ausblicke oder immer dort, wo etwas betont oder eingerahmt werden soll. Für alles andere gilt: Pflanzen Sie nicht in geraden Zahlen! Ungerade Zahlen wirken hier wesentlich natürlicher, d. h. setzen Sie nicht zwei Stück derselben Pflanze nebeneinander, sondern drei. So erzielen Sie einen Gruppeneffekt und haben damit mehr als lediglich zwei nebeneinander stehende Pflanzen. Das lässt sich natürlich auf größere Dimensionen und Nummern wie Fünf, Sieben, Neun usw. umlegen. Klingt einfach und einleuchtend, wird aber oft vergessen! Wenn ein Pflanzarrangement nicht richtig anmutet, geben Sie eine Pflanze dazu oder nehmen Sie eine weg. Häufig ist das eine Lösung.

Mit Niveau!

Eine Möglichkeit, die Monotonie einer Gartenfläche zu unterbrechen, ist, einen künstlichen Höhenunterschied zu schaffen. Dabei gilt es zu bedenken, dass bei einem größeren Garten eine Menge Erdmaterial abtransportiert werden muss. Allerdings kann das Prinzip eines Senkgartens auch im kleinen Rahmen umgesetzt werden, indem man nur einen Teil des Gartens tiefer legt und dort etwa einen geschützten Sitz- oder Sonnenplatz anlegt. Der Höhenunterschied muss nicht größer sein als ein halber Meter. Im Sinne der Sicherheit, sollten die verbindenden Stufen je maximal 15 cm hoch und ihre Trittflächen großzügig dimensioniert sein.

Der höhere Teil des Gartens kann entweder ganz als Terrasse gepflastert werden, aber auch eine Rasenfläche wäre denkbar. Reizvoll sieht eine mit Pflanzen durchbrochene Pflasterfläche aus. Von der Terrasse führt der Weg durch einen Rosenbogen über Stufen in den tiefer gelegten Gartenbereich. Dort ist Platz für eine Sitzgelegenheit, einen erhöhten formalen Gartenteich, Bäume, Sträucher und eine Rasenfläche. Egal, wo Sie sich in diesem Garten befinden, es gibt immer etwas Interessantes zu sehen!

Bauvorschriften

Bitte beachten Sie bei allen Umgestaltungen, die mit größeren Erdbewegungen verbunden sind, die jeweils örtlichen Bauvorschriften.

Auf verschiedenen Ebenen

Hier arbeiten Sie auch mit Höhenunterschied. Am Ende des Gartens liegt ein etwas erhöhtes Holzdeck, das über Stufen mit dem Rest des Gartens verbunden ist.

Mit Niveau!

Auf verschiedenen Ebenen

An dieses Sonnendeck schließt ein Sträucher- und Staudenbeet an, das in der Nähe des Wassers in Teichrandbepflanzung übergeht. Sumpfiris (*Iris pseudacorus*), Weiderich (*Lythrum salicaria* 'Robert'), Blaubinsen (*Juncus inflexus*), langes Zyperngras (*Cyperus longus*) sowie Japanische Prachtiris (*Iris ensata* 'Sensation') bringen Farbe und vertikale Strukturen in diesen Bereich. Große unregelmäßige Steinplatten fungieren als Trittsteine und weisen den Weg von der Terrasse zum Holzdeck. Der geschwungene Weg, der zu einem Abstecher an den Teich einlädt, verleiht dem Design eine beschwingte Note.

Gleiche oder ähnliche Pflanzen, die im Garten an verschiedenen Stellen Verwendung finden, verbinden die einzelnen Gartenteile miteinander. Zwei schräg gegenüberliegende Pagodenbäumchen setzen vertikale Akzente und nehmen die Höhe des Holzdecks auf. Dadurch steht dieses nicht wie ein Fremdkörper im Garten.

Das Wichtigste zusammengefasst

- **Vom Bauplatz zum Garten:** Ein professioneller Gartengestalter leistet gute Dienste. Er steht mit Rat und Tat zur Seite. Lokale Bauvorschriften sollten auf jeden Fall beachtet werden.
- **Pläne machen:** Machen Sie eine Liste der Dinge, die Sie brauchen oder gerne in Ihrem Garten hätten. Eine Skizze dient als Orientierungs- und Planungshilfe. Achten Sie dabei auf den Maßstab und zeichnen Sie alles, besonders Gehölze, in ihrer endgültigen Größe ein.
- **Hanglage:** Bei einem Hanggarten müssen bereits die ersten Gestaltungsschritte sehr gut durchdacht sein, da durch die Geländegegebenheiten eventuell erforderliche bauliche Maßnahmen zu einem späteren Zeitpunkt meist schwierig und kostspielig sind. Es gilt zu entscheiden, ob der Hang in seiner natürlichen Neigung belassen und die Böschung mittels Pflanzendecke befestigt oder als Steingarten gestaltet wird, ob durch mehrere kleine Mauern Terrassen auf verschiedenen Ebenen entstehen oder aber, ob eine einzige, mit Bodenmaterial aufgefüllte Stützmauer dem Hang die Neigung nehmen soll.
- **Fantasie statt Monotonie:** Lassen Sie Ihrer Fantasie freien Lauf. Durch Heben oder Senken von Gartenteilen schaffen Sie Winkel und Ecken, die nicht gleich eingesehen werden können und aus denen heraus sich eine völlig neue Sicht auf den Garten bietet. Weisen Sie dem Auge durch bewusst platzierte Blickfänge den Weg zu diesen verborgenen Plätzen. Auch vertikale Elemente wie Pergolen, Lauben, Bäume, Rankgerüste und Obelisken setzen Akzente und machen einen eintönigen Garten interessanter.

Die schönsten Pflanzen

Neben den im Kapitel bereits erwähnten Pflanzen sind die folgenden besonders empfehlenswert, weil sie sich entweder rasch etablieren und deshalb in einem jungen Garten von besonderem Wert sind, oder weil sie in einem Hanggarten die eine oder andere Lücke pflegeleicht und hangfestigend schließen.

Die Blüten des Duftschneeballs überraschen uns im Winter.

Bärenfellschwingel
(Festuca gautieri)

Der Bärenfellschwingel bildet kleine Büschel aus, die – eng aneinander gepflanzt – einen Teppich mit einer interessanten Struktur ergeben. Im Mai/Juni sprießen dann aus dem smaragdgrünen Grasschopf goldgelbe Ähren. Die Büschel mit den dichtwachsenden feinen Blättern lassen sich mit Kies schön kombinieren und eignen sich ausgezeichnet zur Bepflanzung des im Kapitel vorgestellten vertikalen Schachbrettes.
Blütezeit: Mai/Juni
Höhe: 10/20 cm (Schopf/Blüte)

Blaukissen
(Aubrieta 'Royal Blue'*)*

Langlebiger, wintergrüner Bodendecker mit graugrünem Laub, der im Frühjahr zur wahren Größe aufläuft, wenn er mit unzähligen blauen Blüten übersät ist. Blaukissen liebt einen sonnigen, nicht zu feuchten Standort und wächst gerne zwischen Mauersteinen und auf Mauerkronen. Ein angemessener Rückschnitt im Herbst fördert die Blüte im nächsten Frühjahr. Ein attraktiver Kandidat für das vertikale Schachbrett in diesem Kapitel.
Blütezeit: April–Mai
Höhe: 10 cm

Bodendeckerrose
('Temple Bells')

Bodendeckerrosen breiten sich wie ein Teppich aus. Sie verzweigen sich dicht und bedecken kahle Stellen rasch und zuverlässig und halten damit auch Unkraut in Schach. Die starkwüchsige Bodendeckerrose 'Temple Bells' hat einfache, in Büscheln wachsende weiße Blüten, die im frühen Stadium ein zartes Rosa aufweisen, das später verblasst. Da sie hangfestigend und sehr wüchsig ist, eignet sie sich gut zur Hangbepflanzung.
Blütezeit: Juni–August
Höhe: 60 cm

Gelbholziger Bambus
(Phyllostachys aurea)

Dieser Bambus mit gelbem Stamm, der stellenweise auch in Grün übergehen kann, hat hellgrüne schmal-lanzettliche Blätter und toleriert Temperaturen bis zu –20 °C. Er etabliert sich in der Regel rasch und gibt einem jungen, nackten Garten Fülle, ohne ihn zu überladen. Durch seine Leichtigkeit eignet er sich auch zum optischen Abtrennen von einzelnen Gartenteilen. Auch als Kübelpflanze verwendbar. Mäßig ausläufertreibend.
Blüte: unauffällig
Höhe: 3–5 m

Glockenrebe
(Cobaea scandens)

Die schnellwachsende Schlingpflanze wird, wie alle tropischen Gewächse bei uns, nur als Einjährige gezogen und dort eingesetzt, wo eine vorübergehende, schnelle Lösung gewünscht wird. Rasch bedeckt sie an sonnigen Standorten Spaliere oder Mauern mit ihren glockenförmigen, violettblauen Blüten und verleiht dem Garten für einen Sommer lang Fülle und Farbe. Die gefiederten Blätter enden in einer Ranke mit einer Kralle, die beim Klettern hilft.
Blütezeit: Juni–September
Höhe: bis 3 m

Goldfingerkraut
(Potentilla aurea)

Reichblühende, bodendeckende Polsterpflanze, die mit ihren gelben Blüten Farbe in Beete und Steingärten bringt. Da sie kaum Aufmerksamkeit und Pflege braucht, eignet sie sich zum Bepflanzen von erschwert zugänglichen Hanglagen. Ihre kompakten Polster können auch zum Begrünen einer Mauer verwendet werden, sofern dort genügend Humus vorhanden ist. Wie alle Polsterpflanzen wird sie mit den Jahren immer schöner!
Blütezeit: Mai–Juni
Höhe: 8 cm

Hartriegel
(Cornus alba 'Sibirica'*)*

Anspruchsloser, weiß panaschierter, mittelgroßer Strauch, der relativ rasch eine ansehnliche Größe erreicht und damit dem Garten eine gewisse Reife verleiht. Seine leuchtend rote Rinde, die durch gelegentlichen Radikalrückschnitt noch farbprächtiger wird, fällt nach dem Blattfall im Herbst besonders auf. Vielseitig verwendbarer Strauch, dessen Wert weniger in der Blüte, sondern in der auffälligen Blatt- sowie der Rindenfarbe liegt.
Blütezeit: Juni
Höhe: bis 2 m

Heiligenkraut
(Santolina chamaecyparissus)

Sonnenhungrige Staude für trockene Plätze, wie sie z. B. an einem im Schotterbett angelegten Holzdeck auftreten können. Ihre silbergrauen feinen Blätter geben einen aromatischen Duft ab und sehen auch nach dem Verblühen der gelben Blütenköpfchen attraktiv aus. Durch Rückschnitt nach der Blüte bleibt die kugelige Form der Staude gewahrt. Die feinen Blätter sehen in Kombination mit Gräserbüscheln besonders gut aus.
Blütezeit: Mai/Juni
Höhe: 30 cm

Johannisstrauch
(Hypericum 'Hidcote'*)*

Dieser Johannisstrauch ist sowohl für seine hübschen gelben Blüten als auch für seine ledrigen, immergrünen Blätter beliebt. Diese bringen auch im Winter Grün in den Garten und lassen ihn weniger nackt aussehen. Ein Vorteil, der vor allem einem jungen Garten zugutekommt. Durch seine lange Blütezeit ist er bei vielen Gartenbesitzernbesonders beliebt. Er vermehrt sich durch Ausläufer und ist sowohl frosthart als auch hitzeverträglich.
Blütezeit: Juli–August
Höhe: 1 m

Kupferbirke
(Betula albosinensis)

Birken sind raschwüchsig und vielseitig. Sie eignen sich zur Einzelpflanzung, sehen aber auch in Dreiergruppen sehr attraktiv aus und passen sich fast jedem Gartenstil an. Sie wirken in »aufgeräumten« Gärten ebenso wie in wild belassenen Naturgärten. Die Kupferbirke hat eine schöne Herbstfärbung. Ihre lockere Krone gibt im Sommer willkommenen Schatten, der aufgrund der Größe der Birkenblätter nicht allzu dicht ausfällt.
Blüte: unauffällig
Höhe: 5–7 m

Kriechwacholder *(Juniperus sabina* 'Blaue Donau'*)*

Dieser starkwüchsige, dunkelblaugrüne Kriechwacholder ist ein ausgezeichneter immergrüner Bodendecker. Er benötigt kaum Aufmerksamkeit und eignet sich daher gut für Hänge, die aufgrund ihrer Steilheit pflegeleicht bepflanzt und befestigt werden müssen. Verwenden Sie ihn aber nur für größere Hänge! Er kann entweder zusammen mit anderen Bodendeckern oder auch in Kombination mit Heidegewächsen gepflanzt werden.
Blüte: unauffällig
Höhe: 50 cm

Pfeifenwinde
(Aristolochia macrophylla)

Als Schlinger braucht die Pfeifenwinde ein Gerüst, einen Pfosten oder einen Baum, an dem sie sich emporranken kann. Sie wird nicht ihrer unscheinbaren, pfeifenähnlichen Blüten willen gepflanzt, sondern wegen ihrer Blätterpracht. Die tiefgrünen, herzförmigen Blätter beranken innerhalb kurzer Zeit Pergolen, Spaliere oder Spanndrähte und geben einem Garten rasch ein Gefühl von Reife und einen absolut blickdichten Sichtschutz.
Blütezeit: Juni
Höhe: 8–10 m

»My Home is my Garden!«, oder wer lässt sich schon gerne ins Wohnzimmer schauen? Wie Sie sich Ihre Privatsphäre sichern und nötigenfalls ausbauen können, sehen Sie auf den folgenden Seiten. Mit guten Lösungen tun Sie sowohl sich als auch dem Nachbarn einen Gefallen!

Mehr Privatsphäre im Garten

Gute Zäune machen gute Nachbarn! Der Erhalt der Privatsphäre ist in Zeiten, in denen Wohngebiete immer dichter besiedelt werden, ein Muss, um Gartenfreuden ungestört genießen zu können. Egal für welchen Sichtschutz Sie sich entscheiden, seien es Pflanzen oder bauliche Maßnahmen wie Mauern und Sichtschutzzäune, er sollte so ausgeführt sein, dass er Sie vor fremden Blicken schützt, aber nicht hermetisch von der Umwelt abriegelt. Es gibt eine Reihe eleganter Lösungen, die Ihrem Wunsch nach Abgeschiedenheit gerecht werden, ohne Ihren Garten oder Ihre Terrasse zu einer Festung zu machen.

Nachbarn – bitte draußen bleiben!

Mangelnde Privatsphäre ist nicht nur ein Problem kleiner Gärten, die eng zwischen Häusern eingepfercht sind. Auch auf größeren Grundstücken kann ein Haus, speziell wenn es neu gebaut wurde, wie auf einem Präsentierteller liegen. Außerdem gilt es zu bedenken: Je größer die Entfernung, desto mehr der Grundstücksfläche kann eingesehen werden.

In größeren Gärten kann die Privatsphäre relativ leicht hergestellt werden, denn wo reichlich Platz vorhanden ist, lassen sich großzügig Bäume und Sträucher pflanzen, ohne dass man sich um die verbleibende Gartenfläche sorgen muss. Bei einem kleinen Grundstück ist Raum kostbar, da sollten Sie lieber zu schmalen Sichtschutzelementen wie dichten Zäunen, Mauern und immergrünen Sichtschutzzäunen greifen.

Eine Mauer, auch eine einfache getünchte Betonmauer, kann in Kombination mit Pflanzen bereits nach kurzer Zeit etabliert aussehen und den Eindruck erwecken, sie stünde bereits seit Jahren. Einjährige Kletterpflanzen leisten gute Dienste. Sie unterbrechen mit ihrem

Federborstengras zeigt ein wunderbares Wind- und Sonnenspiel.

Grün die Eintönigkeit und lösen so die Strenge der Mauer auf. Schnell erreichen sie eine gewisse Größe und erfordern durch ihre Leichtigkeit keine oder nur geringe Rankhilfen.

Nachdem sie ihren Dienst einen Sommer lang versehen haben, werden sie einfach über dem Boden abgeschnitten und entsorgt. Einstweilen können sich langsam wachsende mehrjährige Kletterpflanzen die Zeit nehmen, die sie brauchen, um die gewünschte Größe zu erreichen. Solche Pflanzen-Mauer-Kombinationen werden mit den Jahren immer schöner.

Für kleine oder schmale Gärten eignen sich schmalwüchsige Hecken aus Säuleneiben (*Taxus baccata* 'Fastigiata') oder Heckenzäune aus Drahtgitter, an denen zum Beispiel Efeu hochgezogen wird. Verwenden Sie größere Efeupflanzen, die Sie in den ersten Jahren gut wässern, damit der Sichtschutz nicht zu lange auf sich warten lässt. Die anfänglichen Lücken im Bewuchs können Sie auch hier wieder mit einjährigen Pflanzen füllen. Schnellwüchsige, sommergrüne Pflanzen wie Wilder Wein (*Parthenocissus quinquefolia*) sollten nur an Stellen verwendet werden, wo Sommer-Sichtschutz ausreichend ist.

Hohe Gräser oder grasähnliche Pflanzen wie Bambus schirmen den Privatbereich zuverlässig ab und ergeben einen visuell eindrucksvollen Sichtschutz. Das leichte Hintergrundgeräusch, das durchstreifender Wind erzeugt, mildert außerdem Geräusche von nebenan. Bambus ist ein sehr langlebiges, hervorragendes Baumaterial, aus dem Sie ungewöhnliche Zäune oder auch kürzere Zaunabschnitte errichten können. In Verbindung mit Gräsern und Japanahorn ergeben sie ein harmonisches Bild. Holz- oder Steinpalisaden eignen sich ebenfalls zur Konstruktion eines Sichtschutzes. Sie können in beliebigen, auch etwas breiteren Abständen gesetzt werden, wodurch sie nicht wie eine starre Wand wirken. Effektive, aber wesentlich weniger haltbare Alternativen sind Weidengeflechte oder Sichtschutzzäune aus Holz. Lassen Sie bei der Wahl des Sichtschutzzaunes nicht nur den Preis entscheiden, sondern beachten Sie, was die Situation erfordert und welchen optischen Eindruck Sie damit schaffen. Zäune aus vertikalen Latten sollten vorwiegend an Stellen eingesetzt werden, wo Sie den Eindruck von Höhe verstärken möchten, z. B. um visuell an Gebäude oder höhere Bäume anzuschließen. Gewobene Zaunelemente betonen meist horizontale Linien und verleihen dem Garten Tiefe, d. h. sie eignen sich für kleine und kurze Gärten. Soll der Sichtschutz im Garten ausschließlich durch Pflanzen erreicht werden, gilt es, den Zeitfaktor zu bedenken, denn Bäume, Hecken oder hohe Sträucher brauchen ihre Zeit zum Wachsen und sind erst nach Jahren dicht, es sei denn, Sie pflanzen sehr eng. Der Nachteil dabei ist, dass sich die Pflanzen schon nach kurzer Zeit gegenseitig behindern und nach wenigen Jahren ausgelichtet werden müssen.

Machen Sie aus übertriebenem Wunsch nach Privatsphäre nicht den Fehler, Ihren Garten in ein völliges Dickicht zu verwandeln. Dies gestattet zwar keine Einblicke, lässt aber auch keine Ausblicke zu. Der Reiz eines Gartens lebt, speziell wenn er klein ist, von Ausblicken, da ihn diese optisch wesentlich vergrößern. Schützen Sie sich dort gezielt vor Blicken, wo sie sitzen, essen oder sonnenbaden, aber verzichten Sie auf eine hermetische Abriegelung. Wenn Sie Sitz- oder Sonnenplätze nahe an die Grundstücksgrenze legen, erreichen Sie ein Optimum an Sichtschutz, da der Blick vom Nachbargrundstück weiter in die Ferne geht, sodass Sie ungestört sitzen, essen oder liegen können.

Winterschönheiten

Wenn Sie den Pflegeaufwand scheuen, verwenden Sie immergrüne Pflanzen, Blattschmuckstauden und Gräser. Die meisten von ihnen sind nicht nur im Sommer unkompliziert, sondern sehen durch ihre ausgeprägten Formen auch im Winter gut aus, ein Aspekt, der für Vorgärten wichtig ist.

Blickdicht ▼

Dieser Sichtschutz für kleine Gärten ist relativ leicht und einfach umzusetzen. Bambusstäbe werden mit Hilfe von Erdspießen sicher im Boden verankert. Führen Sie um die Stäbe, deren Abstand Sie variieren können, entweder Canvasstoff, Weiden- oder Schilfmatten. Wichtig ist, das Bespannungsmaterial an den Bambusstäben so zu fixieren , dass es nicht ganz am Boden aufliegt, sonst nimmt es durch Nässe rasch Schaden. Wenn kein absolut dichter Sichtschutz erforderlich ist, können Sie die Bambusstangen auch ohne Füllmaterial eng aneinander stellen.

Diese Art von Sichtschutz eignet sich entlang einer Grundstücksgrenze, sieht aber auch als Teilstück an der Terrasse oder einem Sitz- bzw. Liegeplatz gut aus. Er eignet sich gut in Kombination mit lebendem Bambus, wo er als Verstärkung im Bodenbereich oder als Auflockerung eingesetzt werden kann.

Sichtschutz mit Durchblick

Sichtschutz mit Durchblick ▲

Dort, wo es nicht möglich ist, den ganzen Garten zur Privatzone zu erklären, weil manche Teile aus bestimmten Winkeln eingesehen werden können, sollten Sie sich Ihre Lieblingsplätze suchen und diese zu abgeschiedenen Bereichen machen. Dies gelingt am besten durch ein dichtes Pflanzenkleid, das, wie in diesem Vorschlag, durch andere Abschirmungsmaßnahmen gestützt und unterstützt werden kann.

Die ungewöhnliche Holzlatten-Konstruktion erlaubt so viel Privatsphäre wie Sie wünschen. Die runden Aussparungen ermöglichen Ihnen Ausblicke, wo Sie möchten, und lassen sich so platzieren, dass Einblicke nicht möglich sind. Nach oben schützt eine berankte, schirmähnliche Konstruktion vor neugierigen Blicken. Eine Variante für erfahrene Heimwerker!

Blickdicht

Sehen, aber nicht gesehen werden

Mangelnde Privatsphäre auf der Terrasse ist ein Problem, das dort entsteht, wo in Terrassennähe ein Gehweg oder eine Straße verlaufen oder die Terrasse des Nachbars unmittelbar anschließt. Wie schützen Sie sich effektiv, ohne den eigenen Bewegungsraum optisch und physisch zu sehr einzuengen? Immergrüne Sträucher und Bäume gewährleisten den Schutz der Privatsphäre das ganze Jahr hindurch. Pflanzen Sie jedoch nicht zu viele dunkellaubige Immergrüne wie Eiben, Stechpalmen oder Thujen nahe an der Terrasse, da sie Ihnen in der kalten Jahreszeit Sonnen- oder Tageslicht nehmen. Rankgitter und Pergolen bieten im Sommer ausgezeichneten Sichtschutz und stellen, sofern sie mit sommergrünen Kletterpflanzen berankt werden, auch im Winter kein Lichtproblem dar.

Wenn Sie nicht nur im Sommer Wert auf eine geschützte Terrasse legen, ist eine Mauer oder ein dichtes Zaunelement eine mögliche Lösung. Um die Wirkung solcher drastischen Maßnahmen zu mildern, können stellenweise bunte Glaselemente eingebaut oder eine bepflanzte Mauernische kreiert werden. Denken Sie bei der Terrassengestaltung auch an einen eventuell erforderlichen Sichtschutz nach oben hin, damit Sie nicht von einem Nachbarbalkon oder -fenster beobachtet werden können. Einrichtungen wie eine Pergola, eine Markise oder ein Sonnensegel leisten gute Dienste. Wobei eine berankte Pergola das angenehmste Sitzklima schafft, da sie durchlässig ist und keinen gestreuten Schatten wirft.

Ausblick ja – Einblick nein! ▶

Je nach Bedarf kann dieser Sichtschutz sommer- oder immergrün sein. Der Schutz der Privatsphäre kommt in erster Linie von blühenden Kletterpflanzen, die an zwischen Holzpfosten gespannten Drahtseilen hochgezogen werden. Die leichte, luftige Konstruktion ist einfach herzustellen und kann je nach vorhandenem Platzangebot und Notwendigkeit als gerade Wand oder L-förmig ausgeführt werden. Steife, hohe Gräserhorste lassen die Konstruktion federleicht erscheinen und bilden einen grünen Kontrapunkt. Dieser Vorschlag passt gut zu modernen Gebäuden, wo nacktes Metall bereits in Form von Geländern, Treppen etc. verwendet wurde.

Gräser im Winter

Gräser sind ein Blickfang im winterlichen Garten, wenn die meisten Blüten dem Frost erlegen sind. Es sieht spektakulär aus, wenn an frostigen Wintertagen die Morgensonne auf die dick mit Raureif bedeckten Gräserähren fällt. Zu hohen Gräsern passen Edeldisteln, während die flachen Samenstände von Sedum 'Herbstfreude' gut mit zart gefiederten Gräserähren kontrastieren.

Ausblick ja – Einblick nein!

Dicht gemacht ▼

Mauern bilden eine effektive, optische und akustische Abgrenzung zum Nachbargarten. Sie sind beständig und benötigen nur geringe Wartungsarbeiten. Speziell in neuen Gärten brauchen Terrassen aber nicht nur an den Seiten, sondern auch nach vorne hin Sichtschutz. Eine rasche und einfache Lösung ist das Aufstellen von Weidenbögen. Dazu brauchen Sie lange Weidenruten, die in Bogenform gebracht und oben zusammengebunden oder miteinander verwoben werden. Frische Weidenruten schlagen Wurzeln und liefern Ihnen in einigen Jahren, sofern sie nicht durch Schnitt in Zaum gehalten werden, eine grüne Hecke. Da dabei die Bogenformen verloren gehen, lohnt es sich, den Wuchs der Weiden zu beschränken.

Dicht gemacht

Das Wichtigste zusammengefasst

• **Rankhilfen:** Rankhilfen sind in großer Auswahl im Handel erhältlich, können aber aus einfachen Materialien auch selbst kreiert werden. Um ein harmonisches Bild zu ergeben, sollten sie zu den am Haus verwendeten Baustoffen passen. Gezielt eingesetzt kann aber auch ein Kontrast sehr reizvoll wirken. Alte und neue Materialien, hart und weich Wirkendes, farbliche Kontraste, alles ist möglich. Beschränken Sie sich auf wenige, bewusst eingesetzte Kontraste, da sonst ein unruhiges Bild entsteht, in dem nichts mehr richtig zur Geltung kommt. Entweder Sie entscheiden sich für eine kunstvolle Rankhilfe oder Sie pflanzen eine auffallende Kletterpflanze – beides zusammen stielt sich gegenseitig die Show.

• **Nachbarn:** Gute Zäune machen gute Nachbarn. Bedenken Sie bei Ihren Sichtschutzmaßnahmen im Sinne eines gutnachbarlichen Verhältnisses auch den Garten Ihres Nachbarn. Erkundigen Sie sich nach den örtlich geltenden, im Nachbarschafts- und Baurecht verankerten gesetzlichen Vorschriften in Bezug auf Höhe und Materialien. Berücksichtigen Sie die Bedürfnisse Ihrer Nachbarn nach Sonne, Licht und Privatsphäre. Vermeiden Sie Bäume oder Konstruktionen, die seinen Garten unverhältnismäßig beschatten oder gar in diesen hinüberreichen. Sprechen Sie Ihr Vorhaben im Vorfeld an und errichten Sie Abschirmungsmaßnahmen an der Grundstücksgrenze möglichst im Einvernehmen mit Ihren Nachbarn. So vermeiden Sie vorprogrammierte Konflikte.

• **Pflanzen als Sichtschutz:** Dort, wo rascher Sichtschutz durch Pflanzen erreicht werden soll, besteht die Versuchung, zu den am schnellsten wachsenden, häufig wuchernden Pflanzen zu greifen. Das Wachstum mancher Pflanzen wie beispielsweise des Schlingknöterichs wird aber meist unterschätzt.

Die Trichterwinde überzieht Wände mit ihrem Blütenmeer.

Sie können in kurzer Zeit über die ihnen zugestandene Fläche hinauswachsen und erfordern einen ständigen Rückschnitt. Zudem sind diese Pflanzen nur schwer wieder loszuwerden. Gehen Sie keine Kompromisse ein! Entscheiden Sie sich für eine attraktive Kletterpflanze, die Ihnen gefällt und gleichen Sie das langsamere Wachstum mit raschwüchsigen Einjährigen wie Feuerbohnen, Zierkürbissen etc. aus.

- Sitzplatz: Suchen Sie den idealen Sitzplatz in Ihrem Garten. Dies muss nicht unbedingt die vom Bauunternehmen geplante Terrasse am Haus, sondern kann eine abgeschiedene Nische oder Ecke im Garten sein. Experimentieren Sie! Nehmen Sie sich Zeit und einen Stuhl und wandern Sie durch den Garten auf der Suche nach Sitzplatz-Alternativen. Häufig findet sich eine Stelle, die für Ihre Nachbarn nicht einsehbar ist und Ihnen ungetrübtes, privates Sitzvergnügen ermöglicht.
- Sichtschutz einmal anders: Nicht immer ist eine gekaufte Variante die beste. Mit etwas Geschick und Mut zum Ungewöhnlichen lassen sich interessante Ideen verwirklichen. Zum Bau von Sichtschutzeinrichtungen eignen sich viele Materialien. Wobei es meist eine Frage des vorhandenen Platzes ist, ob die Privatsphäre mittels Pflanzen oder durch unbelebte Materie gesichert wird. Je nach Geldbeutel kann man sich günstiger Füllpflanzen, schnellrankender Kletterer oder eines exotischen Pflanzendickichts bedienen.
- Platzsparender Sichtschutz: Wo der Platz beschränkt ist und der Schutz nur in die Höhe, nicht aber in die Breite gehen darf, helfen Wände, Zäune, Heckenzäune, mobile Zaunelemente aus Weiden-, Schilf- oder Bambusmatten sowie Rankgitter. An geschützten Stellen sind auch Bambusrollos eine ganz brauchbare Alternative.
- Sichtschutz nach oben: Den Sichtschutz nach oben gewährleisten fixe Installationen wie Markisen, Sonnensegel und Pergolen oder vorübergehende Einrichtungen wie gespannte Drähte oder Seile, an denen sich sommergrüne Kletterpflanzen ranken. Ein Baum mit lockerer Krone liefert einen mit den Jahren immer besser werdenden Sichtschutz, braucht allerdings genügend Raum und Platz.

Die schönsten Pflanzen

Die nachstehenden Pflanzen sind nicht einfach nur »Privatsphärenschützer«, sondern Musterbeispiele dafür, dass Sichtschutz keineswegs langweilig und einfallslos sein muss. Jede dieser Pflanzen hat das Potenzial, mit den Jahren zu einem wahren Prachtexemplar heranzuwachsen und nicht nur Sie, sondern – mit Bedacht eingesetzt – auch Ihre Nachbarn zu erfreuen.

Die Bergwaldrebe (*Clematis montana*) bringt Zäune zum Blühen.

Blauregen
(Wisteria floribunda)

Hohe Mauern und große Pergolen sind kein Problem für den reichblühenden und starkwüchsigen Blauregen. Er kann sehr groß werden und benötigt eine stabile Rankhilfe. Halten Sie ihn durch Schnittmaßnahmen in Zaum! Duftende, lange Blütentrauben umhüllen die berankte Fläche wie ein violetter Vorhang, bevor sie von großen, gefiederten Blättern abgelöst werden. Blauregen eignet sich für alle Gartenböden und kann sehr alt werden.
Blütezeit: Mai/Juni
Höhe: 5–15 m

Chinaschilf *(Miscanthus sinensis* 'Silberfeder'*)*

Dieses hohe Solitärgras eignet sich für sommergrüne Sichtschutzmaßnahmen, wie beispielsweise zur Umrandung eines nur im Sommer benutzten Sitzplatzes, eines Schwimmteiches oder Swimmingpools. Der straffe Wuchs des Grases bringt eine starke vertikale Komponente in den Garten. Die eleganten silberweißen Blüten erscheinen im Herbst und zieren auch noch den winterlichen Garten, wenn sich Frost auf sie legt.
Blütezeit: September–November
Höhe 1,5–2 m (Horst/Blüte)

Pfeilbambus
(Pseudosasa japonica)

Wüchsiger, mittelhoher Bambus mit sehr großen, glänzenden Blättern. Die dünnen, in dichten Büscheln wachsenden Halme lassen den Bambus trotzdem leicht und luftig erscheinen. Pfeilbambus bildet einen guten Sichtschutz, auch für schattige Standorte. Er ist außerordentlich kältetolerant (bis –24 °C) und wird daher in unseren Breiten immer beliebter. Mit seiner Hilfe lassen sich auch unschöne Aussichten, Mauern und Ähnliches kaschieren.
Blüte: unauffällig
Höhe: 2–4 m

Ramblerrose
(Rosa 'Wedding Day'*)*

Besonders hübsche Ramblerrose mit kleinen weißen Blüten und auffälligen gelben Staubgefäßen. Die sehr starkwüchsige Rose verkleidet Mauern, Zäune und Spaliere mit einem schönen weißen Blütenflor und darauffolgenden roten Früchten. Die dünnen Triebe benötigen nur wenig Pflanzfläche, müssen jedoch gestützt und aufgebunden werden. Diese Rose wird im Laufe der Jahre immer schöner, sofern sie gelegentlich ausgelichtet wird.
Blütezeit: Juni
Höhe: 4–9 m

Säuleneibe
(Taxus baccata 'Fastigiata')

Eiben sind äußerst robuste Nadelgehölze. Als Flachwurzler finden sie unter anderem auch als Heckengehölze unter Bäumen Verwendung. Die straffe Säuleneibe wächst sehr schlank, sie wird nur einen halben Meter breit und eignet sich daher gut zur Abgrenzung oder als Sichtschutz in kleinen oder schmalen Gärten. Sie bildet einen ruhigen, dunkelgrünen Hintergrund für blühende Stauden und Gräser, die dadurch besonders zur Geltung kommen.
Blüte: unscheiinbar
Höhe: bis 4 m

Weiße Bergwaldrebe
(Clematis montana wilsonii)

Die wüchsige Bergwaldrebe bedeckt mit ihren gezähnten Blättern und den zarten kleinen Blüten Sichtschutzwände, Mauern und Rankgitter. Sie liebt einen hellen, teils sonnigen Standort und Pflanzen, die ihr zu Füßen liegen, denn der untere Pflanzenteil muss kühl und im Schatten stehen. Wird sie zusammen mit der im Herbst blühenden Goldwaldrebe (*Clematis tibetana tangutica*) gepflanzt, bleibt der Sichtschutz bis zum ersten Schnee erhalten.
Blütezeit: Juli/August
Höhe: 3–4 m

Für den ersten Eindruck gibt es keine zweite Chance! Heben Sie sich mit einem guten Plan und dessen Umsetzung vom Einheitsbrei der kleinen Vorgärten ab, damit Sie immer wieder gerne heimkommen.

Vorgarten und Einfahrt

Vorgärten und Eingangsbereiche sind das Aushängeschild eines Hauses. Sie sind ein Willkommens- ebenso wie ein Abschiedsgruß und erfreuen das Auge von Besitzer, Gästen und Passanten. Im Vorgarten treffen sich Privatsphäre und Öffentlichkeit. Mehr als bei anderen Gartenteilen ist bei der Vorgartengestaltung auch auf das Aussehen im Winter zu achten, denn ein Vorgarten wird zu jeder Jahreszeit genutzt. Trotzdem erhält dieser Teil des Gartens nicht immer die erforderliche Bedeutung und Aufmerksamkeit. Fast scheint es, als hätte er aufgrund seiner Kleinheit und des manchmal auch undankbaren Schnitts nicht mehr verdient. Als Abstellplatz für Mülltonnen und Fahrräder vermisst der Vorgarten oft die nötige Planung und Pflege. Dabei kann der fade und nichtssagende Raum vor dem Haus mit relativ wenig Aufwand in ein zauberhaftes Stückchen Erde verwandelt werden.

Klare Linie

Klein, aber große Wirkung

Bei kleinen Vorgärten kommt die Unterteilung durch den Zugangsweg einer Zerschneidung des Areals gleich, die den Bereich optisch noch verkleinert. Eine Alternative wäre, den gesamten Eingangsbereich attraktiv zu pflastern und einzelne Topfpflanzen zu platzieren.

Statt der Topfpflanzen können Sie auch einzelne Pflastersteine aussparen und in diesen, mit Humus angereicherten Pflanzlöchern Raum für Grünes schaffen. Ein Schachbrettmuster aus Pflastersteinen und trittoleranten Pflanzen (Thymian, Kamille, Rasen, etc.) ist eine weitere dekorative Alternative für Stellen, die nicht allzu viel betreten werden. Achten Sie dabei jedoch auf Harmonie, indem Sie nicht zu viele verschiedene Materialien verwenden. Generell gilt auch hier die Regel: Weniger ist mehr! Vermeiden Sie viele kleine Pflanzen und lassen Sie statt dessen eine Solitärpflanze ihre volle Wirkung entfalten. Am besten entscheiden Sie sich für ein Gehölz, das verschiedene Attraktivitäten vereint (Stamm, Rinde, Laub, Herbstfärbung, Blüten) und daher das ganze Jahr über ein dekoratives Element darstellt. Dies trifft besonders auf kleinwüchsigen japanischen Ahorn (*Acer japonicum* und *Acer palmatum*), Drehweide (*Salix erythroflexuosa*), Zwerg-Drehakazie (*Robinia pseudoacacia* 'Twisty Baby'), Zierkirsche (z. B. *Prunus serrula*) oder Hortensien (*Hydrangea*) zu, um nur einige zu nennen. Achten Sie bei der Kaufentscheidung aber unbedingt darauf, dass die Pflanze nicht zu groß wird, damit die Proportionen zwischen Haus und Vorgarten erhalten bleiben.

◂ Klare Linie

Quadratische Holzrahmen werden diagonal geteilt, eine Hälfte davon wird mit Holz gedeckt, die zweite mit Flusskieseln gefüllt. Je nach Platzangebot, lässt sich die Kombination beliebig oft wiederholen. Die Quadrate können unterschiedlich groß sein und auch ineinander übergehen. Bereiten Sie den Boden unter den Kiesflächen gut vor und bepflanzen Sie sie mit Ziergräsern. Diese unterstreichen im Vorgarten den Charakter moderner Architektur und spiegeln deren Schlichtheit und Unkompliziertheit wider. Die Leichtigkeit der Gräser lässt Energien fließen und wird durch indirekte Beleuchtung wie Moonlight-Lampen abends noch betont. In sehr kleinen Vorgärten können Sie auch mit einem einzeln gepflanzten Solitärgras große Wirkung erzielen. Die Gräser werden erst gegen Ende des Winters abgeschnitten und dienen daher auch im Herbst und Winter, tau- oder reifbehangen, als Augenweide.

Klasse statt Masse ▸

Dieser Vorgarten ist an fernöstliche Prinzipien angelehnt und zeigt einmal mehr, wie wenig gutes Design braucht. Durch seine limitierte Pflanzenauswahl ist dieser Vorgarten beinahe ein Understatement. Er ist »Vier-Jahreszeiten«-tauglich, d. h. er sieht zu jeder Jahreszeit gut aus und braucht keine besondere Pflege. Beim Anlegen sollten Sie jedoch einen Fachmann zu Rate ziehen. Grundmaterial der Gestaltung ist grauer Schiefer. Er verfärbt sich bei Nässe schwarz und wirkt daher nach Regen besonders intensiv.

Als Solitärgehölz wird ein Japanischer Fächerahorn gepflanzt – ein Blickfang, der ohne zierendes Beiwerk auskommt. Die japanischen Fächerahorne sind für ihre ausgeprägten Farbtöne in frischem Grün und leuchtenden Rot besonders bekannt und beliebt. Für welchen dieser zierlichen Schönheiten Sie sich entscheiden, hängt von Ihrer Vorliebe bzw. von den am Haus verwendeten Farben ab. Sie alle sehen im Zusammenspiel mit dem dunklen Schiefer sensationell aus. Fließendes Wasser in einer schmalen, betonierten Wasserrinne belebt den Eingangsbereich. Der Wasserkreislauf schließt sich unterirdisch. Das Wasser bleibt immer in Bewegung und friert daher im Winter nicht ein. Selbstverständlich kann der Wasserkanal im Winter aber auch entleert werden.

Klasse statt Masse

Gräser sind schneedruckempfindlich
Da Schneelast die Gräser zu Boden drücken und beschädigen kann, greift man in schneereichen Regionen besser auf immergrüne Formschnittgehölze zurück, die schneebedeckt einen starken visuellen Eindruck hinterlassen.

Hauseinfahrt

Es ist praktisch und bequem, einen Parkplatz am eigenen Grundstück, direkt vor dem Haus, zu haben. Die Stellfläche für Autos verkommt jedoch häufig zur Beton- oder Pflasterwüste und sieht öde aus, wenn das Fahrzeug seinen Platz nicht einnimmt. Der Raum zur Gestaltung der Hauseinfahrt ist zwar meist begrenzt, aber eine gute Planung kann Ihnen helfen, auch diesen Teil des Grundstücks einladend zu gestalten. Sie mögen gute Gründe dafür haben, die gesamte Fläche zu pflastern: Das Auto kann näher ans Haus herangefahren werden, Sie haben keine Probleme beim Ein- und Aussteigen, Ihre Wege werden kurz gehalten und der Pflegeaufwand ist gering.
Dass es auch anders geht, zeigen Beispiele, in denen so wenig Fläche wie möglich gepflastert und stattdessen Raum für Pflanzen eingeplant wird. Diese verbinden das Haus mit der Einfahrt und verankern es optisch. Wichtig ist, dass Sie den Boden gut vorbereiten. Setzen Sie die Pflanzen nicht nur entlang der Einfahrt in einer geraden Linie, sondern lockern Sie die Pflanzbereiche auf, dadurch vermeiden Sie den Charakter einer Schneise.

Die richtige Spur

Diese einfache Parkplatzvariante lässt sich mit wenig Mühe nahezu überall umsetzen. Legen Sie auf einer verdichteten Kies-/Schotterfläche zwei parallele Pflasterstreifen im Abstand von ca. 1,2 m an. Die Pflastersteine sollten in ein Mörtelbett gesetzt werden, um deren Wandern zu verhindern. Große Pflastersteine eignen sich am besten und machen am wenigsten Arbeit, Sie können aber auch kleinere Steine verwenden. Im Raum zwischen den Pflastersteinen werden ellipsenförmige Beete angelegt. Die dafür ausgehobenen Pflanzlöcher müssen mit guter Gartenerde gefüllt und, um deren Erosion zu verhindern, mit Einfassungssteinen befestigt werden.
Für die Bepflanzung verwenden Sie am besten niedrige, teppichbildende Bodendecker wie Sternmoos (*Sagina subulata*, mattenbildender frischgrüner Polster mit weißen Blüten), gelben, roten oder weißen Mauerpfeffer (*Sedum acre*, *Sedum spurium* 'Purpurteppich', *Sedum album* 'Coral Carpet') oder rosa, karminrosa und weißer Thymian (*Thymus* 'Duftkissen', *Thymus praecox* 'Albiflorus', *Thymus serpyllum* 'Magic Carpet') bzw. Quendel (*Thymus serpyllum*).

Alltagstaugliche Inseln ▶

Diese Variante eignet sich dort, wo Vorgarten und Parkfläche eins sind. Sie können zwei Wünsche mit einer Lösung befriedigen: Dem Wunsch nach einer Autostellfläche wird ebenso Rechnung getragen wie dem Verlangen nach etwas Grünem vor dem Haus.
Pflastern Sie die ganze Fläche, aber sparen Sie einzelne Pflastersteine für die spätere Bepflanzung aus. Um das Verlegen zu erleichtern, platzieren Sie auch auf der späteren Pflanzfläche einen Pflasterstein als Lückenfüller. Dieser kann gehoben werden sobald das Pflaster rundherum befestigt ist. Damit die Pflanzen nicht vor sich hinkümmern, müssen die Pflanzflächen sorgfältig vorbereitet werden. Graben Sie den Boden tief um, entfernen Sie sämtliche Unkräuter und Unkrautwurzeln sowie Reste von Baumaterialien und Steine. Fügen Sie gegebenenfalls gute, mit Dünger angereicherte Erde dazu.

Stein und Glas ist eine gelungene Kombination.

Alltagstaugliche Inseln

Wählen Sie für die Bepflanzung aus dem reichen Sortiment kleinbleibender immergrüner Nadelgeholze wie kegel- und kugelförmig wachsende Zypressen, die keines Formschnitts bedürfen und mit ihren ausdrucksstarken Formen das ganze Jahr über attraktiv aussehen. Passen Sie die Höhe der verwendeten Gehölze an das Haus an, wobei Sie auf ein ausgewogenes Verhältnis und auf die endgültige Höhe der Bäume und Sträucher achten müssen. Zwischen den Immergrünen im Erdreich versenkte Blumenzwiebeln erfreuen Sie mit saisonalen Farbklecksen. Diese Rolle können auch verschiedene pflegeleichte Mehrjährige übernehmen.

Der Topfgarten ist eine mobile Lösung für viele Situationen.

Das Wichtigste zusammengefasst

- **Weniger ist mehr:** Pflastern Sie so wenig Fläche wie möglich. Verwenden Sie dafür lieber ein attraktiveres Pflaster, dies garantiert Ihnen, dass die Hauseinfahrt auch gut aussieht, auch ohne geparktes Auto.
- **Es grünt so grün:** Planen Sie Pflanzinseln nahe am Haus. Die Pflanzen fungieren als Verbindungsglied zwischen Haus und Hauseinfahrt und haben neben ihrem Zierwert außerdem eine isolierende Wirkung gegen Hitze und Kälte. Während sich Pflaster in der Sonne extrem aufheizen kann, absorbieren die Pflanzflächen Wärme und die Pflanzen geben Schatten.
- **Pflastermaterial:** Pflaster ist eine Langzeitinvestition. Es wird nicht alle paar Jahre erneuert und sollte daher mit Bedacht gewählt werden. Neben optischen Aspekten sind auch Sicherheitsfaktoren wie Trittsicherheit und Rutschfestigkeit zu beachten. Das Pflastermaterial soll einen Bezug zum Haus haben, dadurch ergibt sich ein harmonisches Ganzes.
- **Vorsicht bei Rasengittersteinen:** Vermeiden Sie Rasengittersteine. Die Idee ist gut, funktioniert aber meistens nicht. Statt saftigem Gras sprießt dort alles Mögliche und häufig verkommen die kleinen Pflanzlöcher zu Sammelbehältern für umherfliegenden Kleinmüll, abgestorbene Blätter und Pflanzenteile.
- **Bäume & Co:** Setzen Sie Bäume oder größere Sträucher an die straßenseitige Grundstücksgrenze. Dort können sie ihre volle Pracht entfalten, ohne das Haus zu beeinträchtigen. Denken Sie an Laub in der Regenrinne und an Dunkelheit in den Räumen durch zu viel Beschattung etc.
- **Pflanzen machen den Unterschied:** Durchbrechen Sie eine größere Pflasterfläche mit Pflanzinseln, in die Sie tritttolerante Pflanzen setzen, die ein gelegentliches Betreten nicht übel nehmen. Dies kann auch im Nachhinein geschehen, indem einzelne Pflastersteine ge-

hoben werden. So lockern Sie die Pflasterfläche auf und machen mit wenig Aufwand und Investition aus langweiligem Pflaster eine Attraktion.

- **Pflanzenauswahl:** Setzen Sie nicht zu viele kleine Pflanzen in den Vorgarten, sondern arbeiten Sie mit wenigen ausgewählten Pflanzen oder Pflanzenarten. Das sieht aufgeräumt aus und ist einfacher zu pflegen als ein Sammelsurium an Pflanzen, die unter Umständen nicht miteinander können.
- **Topfgarten:** Für sehr kleine Vorgärten oder Stiegenaufgänge eignet sich ein Topfgarten. Achten Sie darauf, dass die Pflanzgefäße richtig dimensioniert und in Stil und Farbe angemessen sind. Holz passt zu traditionellen Häusern, glänzendes Metall zu modernen Bauten. Stein und Terrakotta sehen fast immer gut aus, sofern die Farben korrespondieren. Am besten verwenden Sie nur winterfeste oder einjährige Pflanzen, es sei denn, Sie haben ausreichend Winterquartier für den Topfgarten. Wichtig ist, die Töpfe ausreichend zu fixieren, damit sie Wind und Wetter standhalten. Eine Schicht größerer Steine am Topfboden beschwert Töpfe und verleiht ihnen mehr Standfestigkeit.

Die schönsten Pflanzen

Die folgenden Pflanzen gehören zu den Topfavoriten für die Gestaltung des Raumes zwischen Öffentlichkeit und Privatsphäre. Sie sind eine Bereicherung für jeden Vorgarten.
Manche von ihnen aufgrund ihrer ungewöhnlichen Blütezeit, andere, weil sie gelegentliches Betreten tolerieren und sich sehr gut für einige der vorgestellten Gestaltungsvorschläge eignen. Besonders die Sortenvielfalt der vorgestellten Arten ermöglicht interessante Kombinationen und stellt sicher, dass wirklich für jeden Geschmack und jede Situation das Geeignete dabei ist – vom anspruchslosen Bodendecker bis zur einmaligen Solitärpflanze.

Fächerahorn ist ein Blickfang im Vorgarten.

Duftschneeball (*Viburnum bodnantense* x 'Deben')

Dieser blühende Duftschneeball sollte in der Nähe einer Tür, eines Fensters, der Terrasse oder im Vorgarten gepflanzt werden. Damit ist sichergestellt, dass Ihnen die unerwartete Schönheit der zarten Blüten und das betörende Dufterlebnis mitten im Winter nicht entgehen. Den Blüten folgt grüne Belaubung, die sich im Herbst rot färbt. Während der Sommermonate ist der Strauch unscheinbar und sollte daher blühende Begleiter erhalten.
Blütezeit: Februar–April
Höhe: 2 m

Mauerpfeffer (*Sedum* spp.)

Langlebige Staude für Flächenpflanzungen. Mauerpfeffer ist in vielen Sorten erhältlich, die sich mit ihren verschiedenen Farben und Wuchshöhen gut untereinander kombinieren und zu Teppichmustern zusammenstellen lassen. Die sukkulenten Blätter ertragen Trockenheit und Hitze. Einige Sorten verfärben sich im Herbst, wie z. B. *Sedum album* 'Coral Carpet', weiß, Blütezeit Mai/Juni, Höhe: 5 cm; *Sedum acre*, gelb, Blütezeit: Juni/Juli, Höhe 5 cm; *Sedum spurium* 'Purpurteppich', purpurrot, Blütezeit: Juli, Höhe: 10 cm

Sternmoos (*Sagina subulata*)

Zierlicher, mattenbildender Polster, in dessen frischem Grün sich im Juni und Juli zahlreiche kleine weiße Blüten bilden. Sternmoos ist ein sehr wüchsiger Bodendecker für durchlässige Böden und kann zwischen Trittplatten, an Mauern, an Stufen und in Pflanzinseln leicht angesiedelt werden. Auch asiatisch anmutende Gärten profitieren von diesem moosähnlichen Gewächs, dessen großes Plus ist, dass es gelegentliche Begehung toleriert.
Blütezeit: Juni/Juli
Höhe: 3 cm

Thymian (*Thymus* spp.)

Die ursprünglich im Mittelmeergebiet beheimatete Pflanze bildet dichte, flache Matten mit winzigen rosa, karminrosa und weißen Blüten. Sie bevorzugt sandig durchlässige Böden und findet auch in den kleinsten Ritzen Platz. Die Blätter duften beim Zerreiben. Empfehlenswerte Sorten: *Thymus praecox* 'Albiflorus', weiß, Blütezeit: Juni/Juli, Höhe 5 cm; *Thymus serpyllum* 'Magic Carpet', karminrosa, Blütezeit: Mai/August, Höhe 5 cm; *Thymus serpyllum* (Quendel), mit dem typischen Duft, rosa, Blütezeit: Juni/Juli, Höhe 3 cm

Zaubernuss (*Hamamelis* 'Pallida')

Die Zaubernuss ist ein wunderschöner aufrechter Strauch, der sich ausgezeichnet als Solitärpflanze im Vorgarten eignet. Es ist von Jahr zu Jahr aufs Neue eine Überraschung, wenn der nackte Strauch plötzlich im Februar massig gekräuselte, gelbe Blüten trägt, die der Kälte trotzen. Ein echter Blickfang im winterlichen Vorgarten! Die Zaubernuss gedeiht am besten in humosen, kalkarmen Boden mit ausreichend Feuchtigkeit.
Blütezeit: Februar–März
Höhe: 2–3 m

Zwergzypresse (*Chamaecyparis lawsoniana*)

Zwergzypressen sind in einer Vielzahl von Nadelschattierungen und in verschiedenen Wuchsformen erhältlich, was den Vorteil hat, dass sie nicht erst in die gewünschte Form geschnitten werden müssen. Wenn Sie die richtige Form wählen, ersparen Sie sich zukünftige Formschnittmaßnahmen. *Chamaecyparis lawsoniana* 'Minima Aurea', ei- bzw. kegelförmig, Höhe: 50 cm; *Chamaecyparis lawsoniana* 'Minima Glauca', kugelförmig, Höhe: 80 cm; *Chamaecyparis lawsoniana* 'Ellwood's Pillar', säulenförmig, Höhe: 1,5 m

Was sonst noch stört

Negative Blickfänge können den Gesamteindruck erheblich stören. Dort, wo weglassen keine Option ist – zu unserer modernen Zivilisation gehören eben auch Kanalisation und Müllabfuhr –, lautet die Devise: Verstecken statt Wegschauen. Wie das geht, sehen Sie auf den folgenden Seiten.

Nur zu gut bekannt sind Problemzonen, die dort auftreten, wo Notwendiges in die Außengestaltung aufgenommen werden muss. Meist sind das Mülltonnen, Kanaldeckel oder Kompostplatz. Keines dieser Elemente ist ein Schmuckstück, es kann aber unauffällig und geschmackvoll in die Gesamtgestaltung integriert werden.

Ab mit der Tonne!

Mülltonnen sind fixer Bestandteil jedes Hauses. Dort, wo Sie keinen Platz dafür in der Garage oder im Gartenhäuschen finden, können sie ein optisches Problem darstellen.

Um dies zu vermeiden, sollten Sie den Standort der Tonne und der Stil ihrer Einhausung bei der Gestaltung der Außenanlage sorgfältig wählen. Denn obwohl Sie Ihre Mülltonnen außer Sichtweite wollen, sollten diese leicht zugänglich sein und auch bei Regen und Schnee einigermaßen trockenen Fußes erreichbar sein. Im Winter sollen Mülltonnen weder zufrieren noch mit einer dicken Schneehaube bedeckt sein, deshalb werden sie am besten eingehaust. Dies hat außerdem den Vorteil, dass die Tonne im Sommer beschattet steht, was die Geruchsentwicklung verringert.

Manchmal sind die Tarnmaßnahmen jedoch so auffällig oder lieblos, dass sie das Problem vergrößern. Dabei gibt es für jeden Stil und jedes Budget eine passende Lösung. Prinzipiell kann belebte Materie in Form von Hecken- oder Kletterpflanzen oder unbelebtes Material wie Holz, Edelstahl, Ziegel, Beton, diverse Platten etc. oder eine Kombination aus beidem verwendet werden.

Verpassen Sie Ihren Mülltonnen jedoch auf keinen Fall ein blühendes Tarnkleid, da sonst die Verwendung der Tonnnen während der Blütezeiten aufgrund unzähliger Bienen und Wespen unangenehm bis gefährlich werden kann.

Ein Haus aus Edelstahl und Holz ▼

Diese Kombination aus Holz und Edelstahl-Lochblech versteckt Mülltonnen ästhetisch. Bei Bedarf können Sie die Einhausung größer anlegen, sodass auch Biotonne und Plastikmüll Platz finden. Je vier Kanthölzer und Lochbleche sind das Basismaterial dieser Lösung. Die Lebensdauer der Konstruktion verlängert sich erheblich, wenn Sie für die Holzpfosten entweder druckimprägnierte oder langlebige Hölzer wie Douglasie oder Bangkirai verwenden und dafür sorgen, dass die Kanthölzer nicht direkt auf dem Boden aufliegen, sondern durch U-förmige Pfostenträger vor Bodenfeuchtigkeit geschützt werden. Das Dach der Einhausung kann entweder aus Holz oder aus Blech bestehen. Ein begrüntes Dach braucht einen guten Wasserabzug, damit sich in der Blechwanne kein überschüssiges Wasser ansammelt. Diese elegante, wenn auch nicht ganz billige Lösung, passt auf die Farbe des Hauses abgestimmt, fast überall!

Ein Haus aus Edelstahl und Holz

Persischer Kugellauch – ein Feuerwerk für Ihren Garten

... in einen grünen Mantel

Weniger aufwändig, aber ebenfalls effektiv! Verankern Sie rechteckige Palisaden dicht nebeneinander ca. 40 bis 60 cm tief in einem Betonfundament. Die Tiefe der Verankerung hängt von der Höhe der Einhausung ab. Es können sowohl Holz als auch Steinpalisaden verwendet werden. Vermeiden Sie jedoch runde Palisaden, da sich in den kleinen Anschlussnischen Schmutz fängt und hartnäckig dort hält. Steinplatten ebnen den Boden im Tonnenhäuschen und garantieren Ihnen, dass Sie die Tonne einfach hinein und hinaus manövrieren können. Ein horizontal auf den Palisaden montiertes Rankgitter gibt einer im Laufe der Jahre immer dichter wachsenden Efeudecke Halt.

Tarnung ist alles!

Kanalabdeckungen sind ein notwendiges Übel. Leider sind sie groß, meist ziemlich unansehnlich und müssen im Fall des Falles rasch und ohne viele Umstände geöffnet werden können. Häufig befinden sie sich im Eingangsbereich bzw. am Zugangsweg, wo sie sofort ins Auge fallen. Bei der Neuanlage des Pfades kann dem Problem durch eine geschwungene Wegführung buchstäblich aus dem Weg gegangen werden, denn ein Kanaldeckel im Pflanz- oder Rasenbereich ist wesentlich leichter zu kaschieren. Dort können saisonal bepflanzte Schalen und Töpfe oder ein beranktes Weidentipi den Kanaldeckel verbergen. Auch Bodendeckerrosen (z. B. *Rosa* 'Schneeflocke'), Kriechwacholder (*Juniperus communis* 'Repanda', *Juniperus horizontalis* 'Andorra Compact') oder Kriechmispel (*Cotoneaster dammeri*) umhüllen den unschönen Blickfang zuverlässig. In Kombination mit Gräsern sieht eine Ansammlung aus Findlingen, die auf dem Kanaldeckel platziert werden, attraktiv aus. Führt absolut kein Weg am Kanaldeckel vorbei, sollten Sie sich für ein Modell entscheiden, das Aussparungen aufweist und im Einklang mit dem Belagsmaterial gepflastert werden kann.

Der Kanaldeckel ist elegant in die Pflasterung integriert.

Thymianmatten ▼

Dieser Vorschlag eignet sich für Eingangsbereiche ebenso wie für Pflanzflächen. Pflanzen Sie in Pflanzlöcher rund um den Kanaldeckel Thymian (*Thymus serpyllum* 'Magic Carpet'). Der mattenbildende Thymian überdeckt den unansehnlichen Deckel bereits nach kurzer Zeit und kann bei Bedarf einfach zur Seite geschoben werden. Da Thymian in sandigen und trockenen Böden hervorragend gedeiht und gelegentliches Betreten toleriert, eignet er sich auch perfekt zum Bepflanzen von Pflanzlöchern in Pflasterflächen.

Thymianmatten

Bühne frei für Topfpflanzen ▶

Mittels Holzfliesen können Sie eine einfache Abdeckung herstellen. Die Quadrate aus Hartholz oder druckimprägniertem Nadelholz sind in diversen Größen erhältlich und lassen sich zu verschiedenen Mustern zusammensetzen. Ein 10 bis 15 cm dicker, verdichteter Unterbau aus Kies oder Schotter lässt Regen- oder Schmelzwasser rasch abfließen und verlängert so die Lebensdauer des Holzes. Das heißt, rund um den Kanaldeckel müssen Sie den Boden entsprechend präparieren. Die Holzfliesen können Sie dann entweder direkt auf den Unterbau oder zusätzlich auf Auflagehölzer legen. Wird eine Auflagekonstruktion gemacht, dann hebt sich das Holzdeck vom Bodenniveau ab, was eine Niveauangleichung mittels Steinen, Findlingen o. Ä. erfordert. Auf das kleine Holzdeck können Sie, passend zum Gartenstil, eine große Topfpflanze oder Gartenaccessoires stellen.

Kompostplatz

Der Kompostplatz ist eines der Elemente im Garten, die ab einer gewissen Gartengröße nützlich und sinnvoll sind, aber sicher nicht zu den Blickfängen gehören. Traditionell liegt er mehr oder minder gut verborgen in einer schattigen Ecke am Ende des Grundstücks.

Bühne frei für Topfpflanzen

Was versteckt sich hinter diesem Rankgitter?

Ein geschützter Platz ist ein Muss, da der Kompost weder ständiger Sonnenbestrahlung noch Dauerregen ausgesetzt sein sollte. Der Kompost darf für Gartenbesitzer und Nachbarn keine Geruchsbelästigung darstellen und sollte deshalb etwas abgeschirmt werden. Kompostbehälter gibt es im Bau- oder Gartenmarkt, sie können aber aus Holz auch selbst gezimmert werden. Sie brauchen mindestens zwei Behälter, um den Kompost umsetzen zu können. Der Kompost sollte auf naturbelassenem Gartenboden angelegt werden, damit Bodenlebewesen in den Kompost einwandern können. Am besten lockern Sie den Boden an der Stelle etwas auf.

▼ Aus den Augen...

Dieser Abschirmungsvorschlag eignet sich für einen natürlichen Garten. In ein Gerüst aus Kanthölzern (oder Metallpfosten) werden lange Hasel- oder Weidenruten geschichtet. Dieser kostengünstige, einfach zu errichtende Sichtschutz sieht dekorativ aus und bietet einer Reihe von Nützlingen Nistplatz und Zuflucht. Die beherbergten Insekten helfen bei der Kompostierung und machen sich auch im Garten als Bestäuber oder Schädlingsvernichter nützlich.

Aus den Augen ...

Phänomenal funktional – Bambus ▾

Auch Holzpfosten oder Bambusstangen eignen sich für eine Abschirmung. Holz ist um einiges günstiger als Bambus. Letzterer ist jedoch extrem langlebig und zumindest in unseren Breitengraden relativ ungewöhnlich. Er eignet sich für fernöstliche oder zeitgenössisch modern gestaltete Gärten. Auch in einem Gräsergarten, in dem Bambus bereits als Pflanze verwendet wird, stellt ein mit diesem Material ummantelter Kompostplatz eine harmonische Lösung dar. Die Pfosten werden mit Hilfe von Erdspießen dicht nebeneinander sicher im Boden verankert. Prinzipiell können sie in jeder beliebigen Form aufgestellt werden, eine angedeutete Spirale eignet sich jedoch am besten, da durch diese Bauart der Blick auf den Kompost nicht gleich freigegeben wird, auch wenn man bereits am Zugang zum Kompostplatz steht.

Phänomenal funktional – Bambus

Unschöne Aussicht

Natürlich ist nicht jeder Gartenbesitzer ist mit einer schönen Aussicht gesegnet. Oft kann man noch von Glück sprechen, wenn keine Aussicht vorhanden ist, denn schlimmer ist es dort, wo sich im Blickfeld, entweder in unmittelbarer oder auch weiter entfernter Nachbarschaft, ein Schandfleck befindet. Was tun?
Gehen Sie mit offenem Blick durch Ihren Garten und bedenken Sie, dass eine schöne Aussicht nicht zwingend mit einer schönen Landschaft verbunden sein muss. Auch in urbanen Lagen kann man auf unerwartete Ausblicke stoßen, die es sich in den eigenen Garten zu holen lohnt. Dies könnte ein architektonisch interessantes Gebäude, ein schön gewachsener Baum oder auch ein Kirchturm sein. Sogar eine Reihe Kamine oder Fabrikschlote können unter Umständen als Fokalpunkt verwendet werden, anstatt hinter Zäunen oder Hecken zu verschwinden.
Aus dem Blick auf Nachbars Wäsche auf der Leine, seine unattraktive Garagenmauer oder seinen verfallenen Schuppen lässt sich allerdings nichts machen, diese negativen Blickfänge blenden Sie am besten aus. Dafür sind keine dichten Sichtschutzelemente, die Ihren Garten kleiner erscheinen lassen, erforderlich. Begrünte Rankgitter bringen bereits den gewünschten Erfolg. Zu interessanten Formen oder Konstruktionen verarbeitet können sie sogar einen Blickfang darstellen, ohne ihren eigentlichen Nutzen preiszugeben. Bei dominanten Objekten wie Strommasten, Fernsehantennen, Fabriksgebäuden etc. reichen diese Maßnahmen nicht aus.
Hier schaffen höhere Pflanzen Abhilfe. Selbst wenn das zu kaschierende Objekt nicht zur Gänze verdeckt wird, verbleibt der Blick im Garten. Verwenden Sie jedoch natürlich vorkommende Formen und relativ unauffällige Gehölze, alles andere könnte zu viel Aufmerksamkeit erregen und dazu führen, dass man erst recht hinsieht.

Grün, so weit das Auge reicht! ▼

Unschöne, dominante Gebäude lassen sich am besten durch eine höhenmäßig abgestufte Pflanzenkombination verbergen. Vermeiden Sie es, nur einzelne hohe Gehölze einzusetzen, sondern bringen Sie eine Linie in die Pflanzung, indem Sie mehrere Bäume und Sträucher optisch miteinander verbinden. Einzelne Gehölze mögen das Problem zwar auch beseitigen, aber sie wirken zu dominant und machen das Gesamtbild unruhig. Außerdem ist der Schandfleck meist aus mehreren Perspektiven zu sehen, die im Regelfall nicht alle von einem einzelnen Baum verdeckt werden können, egal wie groß er auch sein mag.

Grün, so weit das Auge reicht!

(Be-)Pflanz mich doch! ▼

Die unschöne Garagenmauer auf Nachbars Grundstück lässt sich mit diesem Vorschlag nicht nur kaschieren, es entsteht sogar ein neuer, bisher möglicherweise ungenützter Gartenraum.
Auf eine niedrige Mauer wird eine Rankhilfe aus vertikalen Holzpfosten und Holzlatten aufgesetzt. Die Höhe der Lattenkonstruktion hängt von der Höhe der zu verdeckenden Mauer ab. Die einzelnen Holzlatten stehen relativ eng aneinander, um einen effektiven Sichtschutz zu gewährleisten.

(Be-)Pflanz mich doch!

Hinter bzw. wenn dort der Platz nicht ausreicht, vor der Mauer werden Kletterpflanzen gesetzt, die sich durch die Holzzwischenräume und die ovalförmigen Aussparungen drängen und die Wand in ein Blütenmeer verwandeln. Zur Pflanzung hinter der Mauer eignen sich z. B. Clematis, deren Wurzeln kühl und unbesonnt stehen sollen.

Abwechslung garantiert
Verwenden Sie für das Kaschieren von Mauern am besten Pflanzen mit unterschiedlichen Blütezeiten und interessanten Samenständen. So ist eine dauerhafte und bunte Vielfalt garantiert!

Das Wichtigste zusammengefasst

- **Unschöne Aussichten:** Wenn Ihnen eine unschöne Aussicht buchstäblich vor die Nase gesetzt wurde, Sie aber das Glück haben, dass der Ausblick auf die weitere Umgebung nicht verloren ging, dann versuchen Sie, Ihren Garten mit etwas in der Ferne zu verknüpfen, indem Sie beispielsweise dieselben Pflanzen oder Formen verwenden. Durch diese Verbindung wird der dazwischenliegende unschöne Ausblick gemildert, da das Auge in erster Linie die Wiederholungen registriert.
- **Hohe Schutzelemente vermeiden:** Dadurch geht Ihnen auch das Positive verloren. Wenn Sie sich dennoch für einen dichten Sichtschutz entscheiden, wäre es denkbar, diesen an lohnenswerten Stellen zu durchbrechen, indem Sie beispielsweise Fenster in die Hecke schneiden und sich so wenigstens einen Teil der verbliebenen Aussicht bewahren.
- **Mülltonnen:** Jeder braucht sie, keiner will sie, zumindest nicht gut sichtbar im Garten oder Vorgarten. Aus Gründen der Erreichbarkeit machen sie aber im hintersten Winkel des Grundstücks keinen Sinn, sie müssen einigermaßen zentral stehen. Keine Sorge, es gibt für jede Situation die passende Tarnung für Müllton-

nen. Je nach Platzangebot können sie großzügig eingehaust oder nur optisch abgeschirmt werden. Wobei die Verkleidung aus diversen unbelebten Materialien wie Holz, Metall, Beton etc. oder aus Pflanzen bestehen kann. Achten Sie beim Abschirmen mittels Pflanzen darauf, dass Sie Immergrüne verwenden, sonst löst sich der Sichtschutz im Winter auf.

- Holz: Holzfliesen eignen sich in der Gartengestaltung als Bodenbelag für Sitzplätze, Terrassen oder Lauben und, sofern sie rutschfest sind, auch als Wegbelag. Aufgrund des geringen Gewichts lassen sie sich überall dort einsetzen, wo nicht mit schweren Materialien gearbeitet werden kann, wie etwa auf Dachgärten oder dort, wo es möglich sein muss, ein kleines Holzdeck rasch und einfach zur Seite zu schaffen. Die in verschiedenen Größen erhältlichen Quadrate lassen sich einfach zu attraktiven Mustern verlegen. Wichtig ist die Vorbehandlung des Holzes, um eine möglichst lange Lebensdauer zu gewährleisten.
- Kompost: Beachten Sie lokal geltende Vorschriften für die Anlage von Kompostplätzen. Mancherorts ist der Mindestabstand zur Nachbargrenze vorgeschrieben, um den Nachbargarten vor Gerüchen, vermehrtem Insektenaufkommen und anderen unliebsamen »Kompostnebeneigenschaften« zu schützen.

Die schönsten Pflanzen

Manche Pflanzen sind wahre Verkleidungskünstler. In mehr oder weniger kurzer Zeit verstecken sie Unschönes dekorativ mit ihren Blüten und Blättern. Andere wiederum sind weniger rigoros in ihrem Wachstum. Sie verkleiden nicht, sondern lenken durch ihre Schönheit von Unerwünschtem ab. Beide Arten sind in den nachstehenden Pflanzenporträts vertreten.
Hier finden Sie eine Auswahl für senkrechte Flächen (Kletterpflanzen) als auch Bodendecker für waagrechte Flächen.

Wilder Wein trägt eine wunderschöne Herbstfärbung.

Japanwaldgras
(Hakonechloa macra)

Japanwaldgras wächst zwar sehr langsam, seine großen Horste sehen aber überaus dekorativ aus. Die hellgrün glänzenden Blätter hängen grazil über und ergeben schöne Bilder in Kombination mit groben Strukturen wie z.B. einer Steinskulptur oder einem Terrakottatopf. Es gibt auch panaschierte Sorten. Die attraktive Pflanze für Beet- oder Wegränder, deckt auch unansehnliche Kanaldeckel oder ähnliches mit der Zeit zu.
Blütezeit: August/September
Höhe: 25/35 cm (Blattschopf/Blüte)

Kletterrose
(*Rosa* 'Mme Alfred Carrière')

Diese historische, weiße Kletterose mit ausgeprägtem Duft ist starkwüchsig und erklimmt in relativ kurzer Zeit Mauern, Pergolen und Rankgitter. Ihr fantastisches weißes Blütenmeer deckt Unschönes sicher zu und macht daraus sogar manchmal einen Blickfang. Wuchs- und Blühfreudigkeit sowie ihre Schattentoleranz (!) machen diese Kletter-rose zu einer beliebten und aus gartengestalterischer Sicht wertvollen Pflanze. Gelegentlicher Formschnitt notwendig. Blütezeit: mehrmals blühend, Höhe: 4–5 m

Kletterhortensie
(Hydrangea anomala petiolaris)

Die prächtige Kletterhortensie breitet ihr dichtes Blätterkleid und Massen weißer Blüten rasch über Rankhilfen aus (Jahreszuwachs 30 x 50 cm). Einmal etabliert, ist sie nicht zu schlagen, kann aber durch gelegentlichen Rückschnitt in Zaum gehalten werden. Sie eignet sich perfekt zum Kaschieren oder Überdecken und erklettert auch hohe Unansehnlichkeiten. Im Juni erscheinen die flachen Blütendolden mit den auffälligen Randblüten.
Blütezeit: Juli
Höhe: 3–10 m

Kletter-Trichtertrompete
(Campsis radicans)

Selbstklimmende Kletterpflanze für hohe Mauern, Säulen, Rankgitter und Pergolen. Die raschwachsende Trichtertrompete ist anspruchslos an den Boden, gut schnittverträglich und liebt vollsonnige, auch trockene Standorte. Auf den reichen, orangeroten Blütenflor folgen dekorative Fruchtschoten. Pflanzen Sie sie zusammen mit einer Jasmintrompete (*Campsis grandiflora*), um den Blütenflor bis in den Herbst zu verlängern.
Blütezeit: Juli–August
Höhe: 4–6 m

Kriechmispel (*Cotoneaster dammeri* 'Coral Beauty')

Der vorzügliche Bodendecker mag auf den ersten Blick nicht besonders attraktiv aussehen. Er etabliert sich jedoch rasch und überzeugt dann durch seine immergrünen Blätter, die zierlichen weißen Blüten und die lange am Strauch hängenbleibenden korallenroten Beeren. Mit seinen kriechenden Zweigen deckt er Unansehnliches in seiner Nachbarschaft rasch und zuverlässig zu und lässt auch kein Unkraut aufkommen.
Blütezeit: Juni
Höhe: 80 cm

Lavendel
(*Lavandula angustifolia*)

Lavendel ist aus keiner Hitliste wegzudenken. Wer ihn kennt, schätzt ihn! Ob als Einzelstück, in Kombination mit anderen Pflanzen wie Rosen oder flächig gepflanzt - Lavendel zieht alle Blicke auf sich. Die duftenden lila Blütenrispen sind der Inbegriff des Sommers. Das graugrüne Blattwerk bleibt ganzjährig erhalten und harmoniert mit den umgebenden Grüntönen. Zahlreiche Sorten mit verschiedenen Blütenfarben und Wuchsgrößen.
Blütezeit: Juni–Juli
Höhe: 30 cm

Mauerpfeffer *(Sedum floriferum* 'Weihenstephaner Gold')

Hübscher, flachwachsender Bodendecker, dessen goldgelber, dichter Blütenteppich Unansehnliches verlässlich zudeckt. Mauerpfeffer eignet sich zur Bepflanzung von trockenen Stellen und gedeiht am besten in voller Sonne, er toleriert aber auch Halbschatten. Mauerpfeffer kann sogar zur Dachbegrünung z. B. eines Mülltonnenhäuschens verwendet werden, unter der Voraussetzung, dass der Wasserabfluss ausreichend gesichert ist.
Blütezeit: Juni–September
Höhe: 15 cm

Persischer Kugellauch (*Allium aflatunense* 'Purple Sensation')

Dieser Blickfang findet überall eine Bühne! Der auffallende Frühsommerblüher bevorzugt sonnige und trockene Standorte. Seine intensiv violetten Blüten sind in Kugelform an steifen Halmen arrangiert und erheben sich wie Lollipops über die schwertförmigen Blätter. Dieser Zierlauch bringt Farbe und Abwechslung ins Beet, macht aber auch in Einzelstellung als Topfpflanze eine gute Figur und lenkt gekonnt von Unschönem ab.
Blütezeit: Mai/Juni
Höhe: 80 cm

Prunkwinde *(Ipomea tricolor)*

Das tropische Schlinggewächs breitet mit seinen dekorativen herzförmigen Blättern und den violettblauen Blütenkelchen rasch einen grünen Vorhang über die ihm zugedachte Fläche aus. So verschwinden hässliche Gartenmauern, Mülltonnen u. Ä. - wenn auch nur für einen Sommer lang. Die großen Blüten verblühen noch am selben Tag, es kommen aber laufend neue nach. Die Verwandte unserer Ackerwinde ist in allen Teilen giftig.
Blütezeit: Juli–September
Höhe: 3 m

Schlingendes Geißblatt *(Lonicera acuminata)*

Dieses starkwüchsige Geißblatt wächst an sonnigen und halbschattigen Standorten. Seine dekorativen cremegelben Blüten bilden ab Juni einen dichten, duftenden Blütenflor, der zu korallenroten Beeren ausreift. Die halbimmergrünen Blätter ergeben auch außerhalb der Blütezeit einen brauchbaren Sichtschutz. Ohne Rankhilfe breitet sich dieses Geißblatt flächendeckend aus und kann dadurch auch als Bodendecker hervorragend eingesetzt werden.
Blütezeit: Juni–Juli
Höhe: 1 m

Tamariskenwacholder (*Juniperus sabina* 'Tamariscifolia')

Diese flachliegende, mehr in die Breite als in die Höhe wachsende Wacholderart erfreut durch ihre sattgrüne, sehr dichte Benadelung. Unter ihren feinen, ausladenden Zweigen lässt sich das eine oder andere Unschöne, wie z. B. ein Kanaldeckel, gut und dauerhaft (immergrün!) verstecken. Braucht man Zugang, so lassen sich die Zweige einfach beiseiteschieben. Auch für die Begrünung von Böschungen geeignet, sehr trockenheitsresistent.
Blüte: unauffällig
Höhe: 30 cm (Breite: 1, 5 m)

Wilder Wein (*Parthenocissus quinquefolia* 'Star Showers')

Wilder Wein ist ein Verkleidungskünstler. Dieser Wilde Wein wächst zwar nicht ganz so schnell wie sein bekannter Verwandter, die Mauerkatze (*Parthenocissus tricuspidata* 'Veitchii'), überzeugt jedoch durch seine kräftig weiß marmorierten Blätter, die dunklere Standorte aufhellen und beleben können. Wie alle Schlinger braucht dieser Wilde Wein ein Spaliergitter oder Spanndrähte zum Festhalten und an dem er sich Emporschlingen kann.
Blüte: unauffällig
Höhe: 3–5 m

Pflanzenregister

Bildquellen
Umschlag und Inhalt: Alice Thinschmidt & Daniel Böswirth

Die Deutsche Bibliothek - CIP-Einheitsaufnahme
Die Deutsche Bibliothek verzeichnet diese Publikation in der Deutschen Nationalbibliografie; detaillierte bibliografische Daten sind im Internet über http://dnb.ddb.de abrufbar.

Redaktion: Claudia Cech, Heiligenkreuz
Umschlag & Layout: Ravenstein + Partner, Verden
Satz: Jürgen Ehrmann, media-solutions.at
Bildreproduktion: Hantsch & Jesch PrePress Services, Leopoldsdorf bei Wien
Illustrationen: Renate Wohlgemuth, Hallein

Druck und Bindung: Gorenjski Tisk, Kranj
Printed in Slovenia

ISBN 978-3-7040-2213-4